결정적 경쟁력과 치명적 결함

임성룡 지음

토머스 에디슨은 위대한 기업가이자 발명가로 알려져 있다. 그에게는 치명적 결함이 있었고 그는 '빈털털이'로 인생을 마감할 뻔하였다. 그는 기업가 정신은 훌륭하였지만 절대적으로 부족한 실력이 치명적 결함으로 작용했다.

KYOWOOSA 敎友社

서문

토머스 에디슨은 위대한 기업가이자 발명가로 알려져 있다. 그에게는 치명적 결함이 있었고 그는 하마터면 '빈털털이'로 인생을 마감할 뻔하였다. 위대한 천재이자 천재적 발명가였던 니콜라 테슬라는 엄청난 수입과 멋진 외모, 뛰어난 실력에도 불구하고 말년에 호텔비를 내지 못해 독촉받으면서 극빈자로 인생을 마감하였다.

에디슨과 테슬라 두 사람 모두 뛰어난 사람이었지만 치명적 결함이 있었다. 삶은 호락호락하지 않다. 아무리 능력이 뛰어나고 성품이 좋아도 치명적 결함을 갖게 되면 언제 몰락할 지 모른다는 사실이다.

18세기 영국의 작가 호러스 월폴은 "인생이란 느끼는 자에게는 비극이며, 생각하는 자에게는 희극이다"라고 말했다. 삶에서 생각하는 능력은 매우 소중하다. 문제는 인간은 생각하지 않으려는 경향이 있다는 것이다. 작고한 영국의 철학자이며 수학자였던 러셀은 "인간은 생각하기보다 죽음을 선택한다"라고 말한 적이 있다. 이는 인간이 생각하기를 무척 어려워한다는 것을 지적한 말이었다.

오스트리아 출생의 영국 철학자로 1994년에 세상을 떠난 칼 포퍼는 "삶은 문제해결의 연속이다"라고 말했다. 인생에는 긍정적인 면만이 아니라 부정적인 면도 항상 존재한다는 것이다. 지나친 긍정은 인생을 고통스럽게 만든다. 정신의학자들의 연구에 의하면 긍정과 부정 양면에 적절한 균형이 도움이 된다는 것이다.

인간에게 '반성'이란 실패를 극복하는 데 매우 중요하다. 현실을 너무 긍정적으로 보는 사람보다는 약간 부정적인 사람이 미래를 예측함에 있어 정확도가 높다는 사실이다. 그 이유는 약간 부정적인 시각을 가짐으로 현실을 직시할 수 있기 때문이다.

필자는 1999년 금융기관에서 명퇴를 한 후, 엄청난 삶의 변화에서 실제로 많은 애로를 극복하면서 깨달은 점이 있다. 삶에는 결정적 경쟁력이 매우 중요하다는 사실이다. 더 중요한 것은 인간을 파멸로 이끄는 치명적 결함을 경계해야 한다는 사실이다. 최근 새 정부의 고관이 대통령 방미 기간에 보여준 사례는 필자의 확신을 더욱 강화시켜 주었다.

그 고관이 그 자리에 올라가기까지는 수많은 희생과 피땀 흘린 노력이 있었을 것이다. 시간도 수십 년이 걸렸다. 그러나 그 자리에서 추락하는 데에는 치명적 결함 그 한 가지로 족하였고 시간도 하루만에 모든 것이 끝났다. 많은 사람들은 그가 오랜 세월 보여준 많은 노력과 성심과 희생에는 전혀 관심을 보여주지 않았다. 그저 그가 보여준 치명적 결함에만 시선을 두었다. 치명적 결함은 그처럼 잔혹한 결과로 이어진다. 이 책에서 독자는 인생을 개척할 수 있는 방법인 결정적 경쟁력을 알게 될 것이다. 더욱 중요한 것은 치명적 결함이 그 경쟁력을 무용지물로 만들 수 있다는 사실도 명심해야 한다.

차례

01

결정적 경쟁력과 치명적 결함

에디슨

에디슨은 "나는 발명하는 데 엄청난 희열을 느낀다"고 말했다. 그는 상업적으로 성공할 것만 발명하기로 하였다. 그는 "성공하려면 언제나 한 번 더 시도해보는 것이다"라고 말했다. 시행착오 방식이 그의 방식이었다. 축전지에 오랜 동안 실험을 하던 에디슨은 "나는 수천 가지 모두 성과가 없다는 실험결과를 알게 되었다"라고 말했다. 에디슨은 독서를 많이 했다. 그는 해답을 찾아 끈덕지게 물고 늘어지는 습성이 있었는데 "일단 부딪쳐보고 시도하고 또 시도한다"는 것이 그의 방식이었다.

에디슨은 수첩을 항상 휴대하고 다녔고 항상 메모했다. 특허분쟁에 대비하여 많은 분량의 노트를 남겼다. 그는 "문제해결에 도움이 되는 모든 접근법을 적었다"라고 말했다. 그는 하루 6시간 이상은 자지 않았다. 에디슨은 약 10년간 온갖 소송에 시달렸고 수백만 달러를 날렸다면서 분통을 터뜨렸다. 그러나 다시 특허를 신청하기 시작하였다. 에디슨은 과학자이기보다 발명가이고 싶어 했다. 필자는 이라 플래토우, 마이클 화이트, 블레인 매코믹, 톰 캐넌, 마이클 겔브, 사라 밀러 칼디코트, 조지 데이비드 스미스, 프레더릭 댈즐, 앨런 액슬로드, 신도 마사아키, 마가렛 체니, 질 존스 등의 저서와 다른 많은 자료를 통해 토머스 에디슨과 그의 경쟁자였던 니콜라 테슬라의 결정적 경쟁력과 치명적 결함을 알게 되었다.

어린 시절

토머스 에디슨은 1847년 오하이오 주의 밀란에서 태어났다. 그의 아버지는 제재소와 곡물 운반업을 운영하여 성공하였는데 에디슨이 10살 정도 되었을 때 상황이 바뀌어 가족은 파산했다. 에디슨은 자부심과 확신에 가득 찬 사람이었고 혁신과 돈이라는 두 가지에 커다란 가치를 부여했다.

에디슨은 초등학교를 몇 개월 다닌 것이 학력의 전부였다. 그는 어린 시절 학교 선생님이 저능아 내지 집중력 부족이라면서 혼을 낸 이후 학교에 가지 않았다. 전형적인 ADHD 아동이었다. 초등학교 선생의 이해부족에 화가 난 그의 어머니는 에디슨이 학교에 가는 것을 그만두게 했다. 어머니는 중학교 교사 경력을 가진 교양 있는 사람이었는데 에디슨을 독학으로 이끌었다. 그녀는 많은 책을 에디슨이 읽도록 했는데 과학 계몽서 '자연실험철학'이라는 책도 그 하나였다. 그는 12살 때 철도회사에서 일자리를 얻게 되어 신문과 과자 등을 파는 일을 했다. 14살이 되던 해에 철도 역무원한테서 전신기술을 배웠고 16세인 1863년에 전신기술자가 되어 전신기술자로 6년간 보내게 되었다.

성장 과정

에디슨은 청각 장애가 있었다. 청각 장애 때문에 축음기와 전화를 개선하는 것에 흥미가 생겼다. 에디슨은 "나는 밤 10시 이전에는 집에 들어가지 못하고 일요일을 빼고는 편지 쓸 시간조차 없다"라고 말했다. 그는 모든 것을 일기를 통해 기록을 남겼으며 항상 메모를 했다. 에디슨은 독서광이었다. 그럼에도 깊은 과학적 지식을 습득하지 못했다. 그는 이론 중심의 교육을 불신했다.

1864-1869년 웨스턴유니언의 전신기사로 일한 에디슨은 1869년 전신기사를 그만 두었다. 1870년경 한 사업가의 후원으로 발명에만 전념하기 시작하였다. 1869년 에디슨은 전자식 투표기록기로 그의 첫 번째 특허를 취득했다. 그 특허를 의회에 팔려고 노력하였으나 거절당하였고, 에디슨은 상업적 수요가 없는 물건은 발명하지 않겠다고 결심했다.

발명가 에디슨

에디슨은 "오직 노력에 의해서만 발명가가 될 수 있다고 나는 믿는다. 끈질긴 인내는 무슨 일이 있어도 필요하다"라고 말했다. 1093개의 특허를 취득했는데 그 중에서 돈을 번 것은 몇 건에 지나지 않는다. 그가 돈은 번 것은 주로 전구, 축음기, 활동사진의 발명 덕이었다. 에디슨은 1876년 벨이 발명한 전화기에 깊은 감명을 받았다. 그는 벨 전화기의 취약점이 송신기에 있다고 판단하여 탄소 송화기를 발명했다. 에디슨은 시행착오를 겪는 과정을 중시하였다. 원리에 대한 이론보다 실용적인 것에 더 많은 관심을 가졌다. 에디슨은 “나는 과학자가 아니라 발명가다”라고 말했다.

그는 뉴욕에서 56km 떨어져 있는 뉴저지주 멘로파크에 1876년 연구소를 세웠고 1887년에는 웨스트오렌지에 연구소를 설립하였다. 에디슨은 61년 동안의 발명 활동에서 연평균 18개의 특허를 취득하였다. 특허들 중 대부분은 한정된 분야 즉 전신, 통신 분야의 기기들을 개량하여 취득한 것들이었다. 에디슨이 취득한 특허권은 특화된 발명품에 관한 것들이었다. 상업적 성공을 가져다준 발명품은 1869년에 개발한 시세표시기로 그의 두 번째 발명품이었다.

명성과 기업가 정신이 스완을 넘어서

1841년 영국의 발명가 프레드릭 드 몰린스는 백금과 탄소를 사용하는 백열전구에 대한 특허권을 취득했다. 미국인 J.W.스타는 1845년 두 개의 램프에 대한 특허를 취득했다. 하나는 탄소, 다른 하나는 백금을 사용한 것이었다. 에디슨은 1879년 전구를 만드는 데 필요한 금속은 백금이 아님을 깨달았다. 에디슨의 연구진은 탄소로 눈을 돌렸다. 에디슨의 필라멘트는 초진공 상태에서 가열되도록 고안된 것이었다.

스완은 영국의 저명 인사 윌리엄 톰슨 경의 저택에 150개의 전구를 설치하고 자신의 회사를 설립했다. 맥심, 스완, 에디슨 그리고 다른 발명가 12명이 모두 전구를 발명했다는 것이다. 오직 에디슨만이 전력을 위한 발전기와 그것을 분배하는 전선 등을 갖춘 도시 전력계의 한 부분으로서 램프를 설계했다. 에디슨이 전구 발명가로 인정받는 것은 명성과 기업가 정신이 스완을 넘어섰기 때문이다. 에디슨과 스완은 공동으로 에디스완사를 설립하였다.

시행착오를 통한 발명

에디슨은 시스템과 이론이 아니라 시행착오를 통한 발명을 하였다. 그의 백열전구는 45시간 빛을 냈다. 다른 실험을 통해 그는 1000시간 점화되는 전등을 개발했다. 에디슨의 작업방법은 "뭐든지 해보지 않으면 알 수 없다"는 방식이었다. 무조건 시도해보는 방법은 오랜 시간의 노동을 필요로 했다.

에디슨의 전기는 직류였는데 직류는 전압을 높일 수 없어 열 손실이 컸다. 그는 1879년에 축음기를 발명했는데, 에밀 베를리너가 평판 음반형 축음기를 1880년대에 내놓아 인기를 끌었다. 1882년 에디슨은 자신의 전구에 전력을 공급할 직류전기를 판매하기 위해 뉴욕에 에디슨전등회사를 차렸다. 1887년 총 121개의 에디슨발전소가 운영 중이거나 건설 중이었다.

에디슨은 84세에 1,093번째 특허를 받았고 1931년에 세상을 떠났다. 1899년 그는 미래에는 전기자동차만 살아남을 것이라고 생각했는데 그 생각이 잘못 되었다는 것이 밝혀졌다. 가솔린 엔진의 문제점이 개선되면서 전기자동차는 사양산업이 되었다. 에디슨에게 있어서도 발명은 매우 힘든 사업이었다.

사업가 에디슨

에디슨은 어떤 상황에서도 좌절하지 않는 기업가 정신을 갖고 있었다. 그는 수첩을 가지고 다니면서 아이디어를 적었다. 2,500권의 노트와 1,000여 건의 발명특허는 그의 메모에서 나왔다. 에디슨은 백열전구에 사용되는 필라멘트를 발견하기 위해서 수천 번의 시행착오를 거쳤다.

1876년 에디슨은 '자동인쇄에 관한 기술개발' 건으로 특허를 신청하였는데 이는 '전기펜'이었다. 이 기기는 30달러의 고가임에도 인기가 있었고 그에게 괜찮은 수익을 주었다. 그는 1887년에 활동사진 기술에 대한 연구를 시작하였다. 이미지와 이미지 사이의 '잔상'을 이해하고 이미지를 연속적으로 나열함으로써 활동사진으로 착각을 일으키는 현상을 파악하였다. 1888년 사진기술에 전념하던 에디슨은 키네토스코프에 대한 발명특허권을 신청하였다. 그는 24개 프레임이 효과가 있다는 것을 알았다. 1896년 에디슨제조회사는 영사기를 만들었다.

대단한 워커홀릭

에디슨은 광석분리기를 개발하였는데 철을 추출해내는 장치였다. 그는 이를 사업에 활용하였는데 그 사업은 큰 실패를 보았다. 그가 10년간 개발하여 완성한 축전지는 휘발유를 이용한 내연식 자동차가 시장을 주도해 나가자 추진력을 잃고 말았다.

에디슨은 유명 언론을 적극적으로 이용했다. 그는 대단한 워커홀릭이었으며 뉴스는 그에게 중요한 정보원이었다. 1860년대에 에디슨은 벤처캐피털을 얻기 위해 보스턴에 정착했던 혁신가들, 발명가들의 행보를 따랐다. 그는 "나는 우선 과거에 이루어진 모든 사항들을 읽는 것부터 시작한다"라고 말했다. 에디슨은 자동화의 신봉자였다. 항상 동시에 여러 가지 프로젝트를 진행하였다.

학문적 깊이가 없었기에

그는 '필라멘트 가닥 사이에 금속판이 전류의 흐름을 조절한다'는 현상 즉 에디슨 효과를 발견하였는데 이는 전자공학의 기초가 되는 원리였다. 그럼에도 에디슨은 그 원리를 발전시키지 못했다. 학문적 깊이가 없었기에 이를 사업화하는 데는 실력이 턱없이 부족하였다.

에디슨 연구의 기본방침은 상업적 유용성이었다. 그는 자신의 노트에 "작업 속도를 늦추는 것은 어떤 것이든 낭비다"라고 기록하였다. 1880년 에디슨의 실험실은 전구, 발전기, 도선, 절연체에 대한 생산 및 실험으로 바빴다. 에디슨조명회사라는 새로운 회사가 조직되었다. 몇 년 후 에디슨은 "우리는 엄청난 장애물에 직면했다."라고 말했다. 자신이 공장을 관리하고 자금을 조달했다. 자금이 부족한 그는 에디슨전기회사 주식을 팔았고 이곳저곳에서 돈을 빌렸다.

에디슨은 축음기와 활동사진 덕분에 연구를 지속할 수 있었다. 그는 기업가 정신, 결단력, 문제해결 능력이 있었다. 자신의 지시를 완벽하게 따르는 동시에 생각도 할 줄 아는 사람을 원했다. 그리고 폭넓은 지식을 갖추고 새로운 학습을 갈구하는 사람을 원했다. 에디슨 머릿속 지식은 백과사전 수준이었지만 과학적 원리를 제대로 파악하지 못했다.

사업가로서 성공하기에는 역부족

에디슨은 전기펜을 발명한 후 복사기 발명에 착수했는데 성과를 거두지 못했다. 그는 평생 150여 가지 사업에 관여하였는데 사업가로서 성공하기에는 역부족이었다.

그는 발명품을 판매함으로써 발명 자금을 조달해나갔다. 에디슨은 직류를 이용해 자신의 명성과 사업을 일으켜 세웠다. 웨스팅하우스의 교류시스템은 에디슨의 직류시스템보다 훨씬 월등했다. 웨스팅하우스는 기차용 공기제동기를 발명해 백만장자가 된 사람이었다. 에디슨의 직류발전기는 120V의 전기를 생산하였는데 전선 내에서 전류가 감소하는 성질 때문에 직류발전소는 뉴욕의 여러 지역에 분산 건설되었다.

에디슨은 궁지로 몰려

웨스팅하우스가 새로 도입한 교류 변압기는 수천 볼트까지 전압을 올릴 수 있었고 전신주의 변압기에서 전압을 다시 110V로 내리면 되었다. 변압기는 전기를 싸고 쉽게 구할 수 있는 문명의 이기로 전환시키는 것이었다. 에디슨은 교류는 비싸고 위험하다고 믿고 있었다. 1888년에 교류시스템의 모터가 발명되어 에디슨은 궁지로 몰렸다. 전류 전쟁에서 웨스팅하우스는 크게 승리를 거두었다. 1893년에 개최된 시카고 만국박람회의 전기시설 독점권을 따낸 웨스팅하우스는 교류를 이용해 센세이션을 일으키면서 전류 전쟁에 종말을 고했다. 웨스팅하우스는 나이아가라 폭포에 세계 최초로 수력발전소를 건설하는 공사를 에디슨을 누르고 따낸 것이다.

에디슨은 다수의 사업체를 가진 발명가로, 과학과 기술에 관해 글을 쓰는 인기 있는 집필가로 명성을 얻게 되었다. 그는 모든 연구원을 직접 보고 채용하려 애썼다. 2년 동안 2,000명의 지원자를 면접하고 채용한 사람은 80명에 불과했다. 그가 연구원을 선발할 때

중시한 것은 자격요건도 중시했지만 굳은 의지와 스스로 사고할 수 있는 능력이었다.

에디슨은 1890년대 에밀 베를리너가 디스크형 축음기를 내놓을 때까지 축음기로 많은 돈을 벌었다. 디스크형 축음기는 에디슨 축음기를 이기고 결국 승자가 되었다.

나는 안주할 수 없다

1914년12월에 에디슨의 축음기 공장과 나머지 12채의 건물이 화재로 소실되었을 때 큰 손실을 보았다. 그는 뉴어크 연구소 부지의 주인과 벌인 논쟁 때문에 먼로 파크로 거처를 옮기게 되었다. 웨스턴 유니온과 같은 거대 기업들이 발명가들을 지원해주었다. 에디슨은 "나는 단 한 번도 만족해본 적이 없기 때문에 나는 안주할 수 없다"라고 말했다. 에디슨의 자질 중 최고는 개발 가능성이 있는 황무지를 찾는 안목이었다. 그는 자신의 아이디어를 가지고 언론과 대중을 감동시키고, 까다로운 투자자들을 설득하여 연구에 투자하도록 만들었다.

그 후, 뉴저지의 웨스트 오렌지에 제2의 연구소를 설립하였는데 뉴저지의 연구소는 먼로 파크 연구소의 10배에 이르는 규모였다. 에디슨은 1900년대초에 세계 최대규모의 시멘트 공장 중 하나를 운영하게 되었다. 65세의 나이에도 일주일에 평균 112시간씩 일했다. 에디슨은 열정과 에너지를 발휘하여 모험을 계속하였다.

1920년 73회 생일에 그는 "내가 젊었을 때 하루 8시간 근무제가 없었던 것이 다행스럽다"라고 말했다. 그는 "나는 축음기를 가장 좋아한다. 내가 음악을 좋아하기 때문이다. 축음기가 편리하고 단순하기 때문이다"라고 말했다. 에디슨은 "나는 항상 여섯 개 내지 여덟 개의 일을 동시에 진행시키고 이것저것 바꿔가며 일을 한다"라고 말했다.

에디슨의 자금 협력자들

에디슨의 문제는 재원 부족이었다. 발명에서 돈을 벌어 연구개발에 썼다. 그는 작동하는 전구를 보여주지도 않는 채 1878년10월 신문에 "나는 전광의 세분이라는 문제를 방금 해결했다"고 자랑했다. 당시 재력가 모건과 밴더빌트는 에디슨전기회사를 설립하는데 자금을 지원하였다. 에디슨은 "나는 22년 동안 자금에 대한 지독한 중압감에 시달려왔다"라고 말했다. 웨스턴유니언사에서 그는 엔지니어로서 경력을 쌓았다. 에디슨은 탄소 알갱이 마이크를 만들어 덕분에 웨스턴유니언사는 큰돈을 벌게 되었다.

모건은 에디슨전기회사의 주요 재정 후원자였다. 모건에게 의존하고 있던 에디슨은 재정적인 문제로 곤란을 겪고 있었다. 에디슨은 금융업자 모건과 연합한 뒤 강력한 힘을 얻었다. 모건이 소유한 드렉셀 모건 은행이 신생 모험 기업에 재정지원을 맡았던 것이다.

재계의 거물 모건과 밴더빌트의 도움

에디슨은 이미 유명인이었고 피어폰트 모건은 큰 사업가였다. 1882년6월 모건은 에디슨전기회사로부터 전기를 공급받았고 만족했다. 재계의 거물 피어폰트 모건의 도움으로 에디슨은 사업에서 파산의 위험을 피할 수 있었다. 모건만이 아니라 백만장자 다리우스 오그던 밀스도 자기 집에 전기설비를 갖추도록 했다. 에디슨은 웨스턴유니언사 대표인 윌리엄 오턴의 후원을 받았다. 에디슨은 "산업과 상업에서는 누구나 남의 것을 훔치기 마련이다. 나 자신도 많은 것을 훔치면서 살아 왔다. 하지만 난 어떻게 훔치면 좋은지 방법을 알고 있다"라고 말했다.

뉴욕 센트럴철도의 회장이자 대주주인 윌리엄 밴더빌트는 1881년 미국에서 최고의 부자였다. 밴더빌트는 에디슨에게 자금을 지원했다. 아버지 코넬리어스 밴더빌트로부터 1억 달러를 물려받은 윌리엄은 철도와 주식에 대한 투자로 그 금액을 두 배로 늘렸다. 밴더빌트의 대저택은 공사하는 데 700만 달러가 소요되었다. 당시 미국인의 80%는 1년에 500달러도 벌지 못했다.

에디슨의 치명적 결함

에디슨의 동업자였던 새뮤얼 인설은 "에디슨은 사업가로서의 생활을 체계화시켜 볼 엄두를 내지 못했다. 그는 며칠이 지나도록 우편물조차 검토하지 않을 때도 있었다"라고 말했다. 에디슨은 "우리가 진공에 대해 무얼 압니까? 나는 전등과 관련해서 모두 3천 가지의 가설을 세웠고 제각각 나름의 가능성이 있는 것이었습니다만, 실험의 결과 옳다고 밝혀진 것은 단 두 가지뿐이었습니다"라고 말했다. 에디슨은 "우리는 체계도 없고 규칙도 없다"라고 말했다. 그는 사업가로서 탁월한 모습을 보여주지 못했다.

그는 직류를 고집하였는데 결국 교류를 주장한 웨스텡하우스와 테슬라에게 패배하였다. 에디슨은 경험에 지나치게 의존하였는데 테슬라는 지식에 근거하였다. 에디슨은 완고하고 거만하며 무자비하기도 하였다. 그는 1897년 에디슨전등회사의 주식을 싸게 팔아치웠다.

노동의 90%를 줄일 수 있는 이론과 계산

에디슨은 이론을 그다지 믿지 않았다. 니콜라 테슬라는 "에디슨이 건초더미에서 바늘을 찾는다면 그는 목적을 달성할 때까지 건초 하나하나를 조사할 것이다. 노동의 90%를 줄일 수 있는 이론과 계산을 이용하지 않는 그의 연구방법은 측은한 생각이 든다"라고 말했다. 에디슨은 1931년 그의 사망 당시 재산이 약1,200만 달러였다.

1880년대 후반 그는 저급광석에서 전자기적으로 철을 추출하는 방법을 연구하였고 사업화하였는데 많은 돈을 썼다. 그는 젊은 날에 부자가 되었지만 철광석 프로젝트에 200만 달러를 날리고 53세에는 빈털터리가 되었다. 윌리엄 밴더빌트, 피어폰트 모건, 다리우스 오그던 밀스, 윌리엄 오턴 등 재력가들의 후원이 없었다면 그는 여전히 '빈털털이'로 생을 마감하였을 것이다. 에디슨은 기업가 정신은 훌륭하였지만 절대적으로 부족한 실력은 치명적 결함으로 작용했다.

테슬라

니콜라 테슬라는 대단한 천재였다. 그는 6개국어를 구사하였고 수학, 물리학, 공학에도 뛰어난 실력을 갖고 있었다. 1884년 에디슨의 부하로 근무하던 테슬라는 1년 후 독립하여 교류를 이용한 발전기와 동력기를 생산하였고 1885년 생애 최초로 특허신청을 한 이후 많은 특허를 땄다. 조지 웨스팅하우스가 테슬라의 교류특허권 중 40개의 권리를 사들였다.

어린 시절

테슬라는 1856년에 크로아티아에서 태어났고 그의 아버지는 교회 교직자로 있었다. 그 부모 밑에 두 아들, 세 딸이 있었다. 테슬라는 영어, 프랑스어, 독일어, 이탈리아어 등 외국어에 뛰어났다. 그는 특히 수학을 잘했다. 테슬라가 5살 때 12살이던 형이 불의의 사고로 사망했다. 테슬라는 1875년 오스트리아의 그라츠에 있는 종합기술학교에 입학했다. 새벽 3시부터 밤11시까지 테슬라는 열심히 공부했다. 주로 공부했던 것은 물리학, 수학, 역학이었다.

테슬라는 우수한 성적을 거두었는데 비싼 수업료를 감당하기 어려워 공부를 다 마치기 전에 학교를 그만두어야 했다. 1879년 그는 프라하로 가서 프라하 대학에서 공부했다. 대학 시절에 도박에 빠지기도 했다.

성장하는 테슬라

테슬라는 1882년 부다페스트의 전화국에 근무하고 있었을 때 회전자계의 원리를 발견하고 교류 모터(2상 유도 모터)를 완성하게 되었다. 교류 시스템을 완성한 그는 이후 고주파 연구를 했다. 1943년 미국 최고재판소는 라디오의 발명가를 마르코니가 아닌 테슬라로 인정했다.

암 치료의 온열 요법에 이용되는 고주파 요법은 1890년대에 테슬라가 고안한 것이다. 니콜라 테슬라는 교류전력 시스템과 무선에 관한 특허로 20세기 기술의 기반을 다져놓은 천재 발명가였다. 1890년대에 고주파 발전기, 테슬라 코일, 동조회로 등 무선 전화의 기초가 되는 기술을 개발했다.

배철러는 테슬라의 능력을 알아

1882년 테슬라는 파리에 갔다. 그는 파리에 있는 에디슨사의 유럽법인에 근무하게 되었고 지사장 배철러와 만났다. 그는 배철러가 해결하지 못하고 있던 어려운 문제를 해결하였고 지사장 배철러는 테슬라의 능력을 알아보았다. 결국 1884년 테슬라는 뉴욕으로 왔다. 에디슨은 테슬라를 따뜻하게 맞아주었다.

에디슨은 이론적 기반이 취약하였기에 시행착오 방식의 많은 노력과 시간이 소요되는 방식으로 일을 해왔다. 이와 대조적으로 테슬라는 탄탄한 이론적 배경을 갖추었고 기본원칙들을 체계적으로 조합함으로써 영감을 얻고 문제를 해결했다. 테슬라는 후에 "약간의 이론과 계산의 도움을 받는다면 에디슨이 들이는 노력의 90%는 절약할 수 있었을 것이다"라고 말했다.

테슬라의 기술은 에디슨으로부터 곧바로 인정을 받았다. 테슬라는 회전하는 자기장으로부터 전력을 만들어냈다. 그때까지 교류전동기를 만들려고 노력한 모든 사람은 단일 회로를 사용했는데, 테슬라는 두 개의 회로를 사용해 교류 전동기를 만들어냈다는 점에서 달랐다.

문제를 해결하면 5만 달러의 보너스

1883년 에디슨전등회사는 손실을 기록하고 있었다. 테슬라는 에디슨에게 자신의 가치를 증명했다. 에디슨은 전기 문제에 봉착하고 있었는데 이론적으로 취약한 에디슨으로서는 어떻게 발전기가 서로 연결되어 전류 펄스가 동기화되는지 알 수 없었다. 테슬라는 24종류의 다른 표준 기계들을 고안하여 문제를 해결하였다. 에디슨은 "문제를 해결하면 5만 달러의 보너스를 주겠다"고 말했는데 테슬라는 그것이 농담이었음을 알게 되었다. 이에 분노한 테슬라는 1년도 안 되어 에디슨을 떠나 어려운 생활을 하였다.

그때까지도 성공적으로 작동하는 교류 모터는 아직 등장하지 않았다. 교류 시스템은 직류 시스템보다 훨씬 큰 전압을 만들기 때문에 먼 거리까지 전기를 전송할 수 있었다. 직류는 단거리마다 발전소를 따로 두어야 하기 때문에 경제적으로 전기를 이용하기가 어려웠다. 테슬라는 교류 발전기를 세계최초로 만들어냈다. 그는 복잡한 수학문제, 전기공학의 문제들을 해결할 수 있었다. 테슬라는 사업가적 기질이 없었다. 에디슨과 정반대의 성향이었다.

테슬라의 첫 강연 '교류전동기와 변압기'

교류 모터를 만들었던 테슬라는 웨스턴유니온전신회사의 경영자 브라운의 도움으로 회사를 설립하게 되었다. 1886년에 그는 투자자들을 만났고 테슬라전등&제조회사를 설립했다. 1886년 테슬라는 미국특허들(발전기 전기기계용 정류자, 전기 아크등, 발전기 전기기계용 조절기 등)을 받았다.

조지 웨스팅하우스는 1884년 37살이었다. 그는 차량 교환장치, 탈선을 막는 강철 철차 등을 만들었고 그후 1869년까지 22개나 되는 중요한 발명품들을 만들어냈다. 1885년에 영국잡지 '엔지니어링'을 읽으면서 교류시스템에 대한 기사를 알게 되었다. 웨스팅하우스는 상업용 교류 백열등 시스템을 제공하는 것이 목표였다. 교류의 진가는 빠르게 인정받았다. 테슬라의 첫 강연 '교류전동기와 변압기의 새로운 시스템'은 공학세계에서 테슬라에게 즉각적인 유명세를 가져다주었다. 테슬라는 자유로운 교류유도전동기를 설계했다.

웨스팅하우스의 사업에 동참

웨스팅하우스와 테슬라는 "현금 2만 달러와 어음 5만 달러, 모든 교류 테슬라 전동기에 대해 마력당 2.5달러의 특허사용료"를 받는 협상을 하였다. (이 계약에 대해 어떤 자료는 '현금과 웨스팅하우스 주식 총 6만 달러에 마력당 2.5달러의 특허권 사용료였다고 되어 있다.) 테슬라는 웨스팅하우스의 자문역할을 하는 데 동의했다. 테슬라의 발명품이 자신이 필요했던 것이라고 확신한 웨스팅하우스는 당장 100만 달러의 선불금과 추후 교류 체계로 전달되는 전기 마력당 1달러의 특허권 사용료를 약속했다.

1893년의 시카고 세계박람회는 전부 합해 2,700만 명의 방문객이 왔다. 박람회는 시카고 전체에서 쓰는 전기보다 세 배나 많은 전기를 사용했는데 웨스팅하우스가 그 전기를 공급하였다. 만국박람회의 조명설비 입찰에서 웨스팅하우스사는 에디슨사를 제치고 선정되었다.

테슬라의 교류전동기의 성능은 훌륭했다. 웨스팅하우스는 나이아가라 발전소 건설에 입찰하였는데 에디슨전기에 승리하였다. 웨스팅하우스 기술자들은 1888년 테슬라가 고집했던 방식을 인정하였다. 테슬라는 웨스팅하우스의 사업에 동참했다. 1893년5월 나이아가라 폭포 전력회사는 다상 교류가 그들의 선택이라고 선언했다. 웨스팅하우스와 테슬라는 나이아가라 엔지니어들과 백만장자들에게 교류야말로 전기시대에 이상적인 기술이라는 점을 확신시켰다.

컬럼비아대학에서 중대한 강연

1888년 테슬라는 컬럼비아대학에서 '교류유도전동기에 대한' 중대한 강연을 가졌다. 잡지 편집자 존슨 가족과 나이아가라 전력회사의 화이트를 통해 테슬라는 사교계의 총아가 되었다. 테슬라는 무선장비를 완성했다. 웨스팅하우스에게 특허들을 판 지 7년 만에 테슬라는 그가 회사를 구하는 걸 돕기 위해 자신의 로열티를 포기하였는데 이로 인해 테슬라는 많은 금전적 손해를 보았다. 1895년3월에 테슬라의 실험실이 화재에 타버렸고 그는 엄청난 손실을 입었다.

테슬라는 웨스팅하우스와 더불어 쉴 새 없이 일에 매달렸다. 그는 전기에 대해 모르는 것이 없었다. 테슬라는 훨씬 뛰어난 이론가였을 뿐만 아니라 실용적인 면에서도 에디슨의 적수가 되기에 충분했다. 테슬라는 풍부한 상상력과 개인의 열정으로 무장했다. 여기에 해박한 전기 지식과 탁월한 지적 능력이 결합되었다.

교류의 우수성은 너무도 분명

전기를 원천으로 하는 중요한 제품에는 전류를 생산해 내는 발전기, 다른 하나는 전기 에너지를 기계적 에너지로 전환시키는 전기모터가 있다. 발전기와 모터는 기본적으로 동일한 장치였다. 하나는 전자기 유도현상으로부터 전기를 만들고, 다른 하나는 같은 현상을 통해 운동을 생산하는 것이다.

교류 발전기에는 빠른 속도로 방향을 바꾸는 전기를 처리하기 위한 정류자가 필요하였다. 직류 전력을 공급하려면 엄청나게 많은 전기가 필요했다. 이동하는 과정에서 조금씩 누출되어 결국 필요한 양의 전기가 가정에 도달하기가 극히 어려웠다. 교류 전압은 변압기를 통해 낮출 수 있었다. 이는 고전압 전류를 생산해 먼 거리를 보낼 수 있다는 뜻이 된다. 직류와 교류의 차이, 교류의 우수성은 너무도 분명하였다.

연구자 테슬라

에디슨은 완고하고 사리에 어두운 직류 신봉자였고 이미 직류 시스템에 많은 자금을 투입한 상태였다. 직류 시스템에는 전압을 변화시키는 효과적인 방법이 없었고 그 결과 공급 지역은 좁은 범위로 한정되었다. 교류를 이해하려면 미적분학에 관한 지식이 필요한데 에디슨의 지식은 초등산수에 불과했다.

에디슨 회사를 나온 테슬라는 아크등 제작회사를 설립하였으나 불황으로 도산해버렸다. 테슬라는 1886년에 새로운 협력자를 얻어 새 회사를 설립했다. 웨스팅하우스는 테슬라의 특허를 거액으로 사들였다. 1893년과 1895년에는 교류 시스템이 채용되어 테슬라 진영의 승리가 확실해졌다. 발전소에 채용된 교류 발전기에 필요한 13건의 특허 중 9건이 테슬라의 것이었다.

테슬라가 개발한 고주파 발전기

1886년에 하인리히 헤르츠는 무선 주파수를 발견하였다. 테슬라가 개발한 고주파 발전기는 20킬로헤르츠의 고주파를 만들어낼 수 있었다. 1893년 테슬라는 무선장치를 설치해 근거리 송수신 실험에 성공했다. 테슬라의 공진에 의한 동조, 안테나(공중선), 어스(접지),

전자관에 의한 검파 등은 무선 전신뿐만 아니라 무선 전화나 라디오의 기본원리가 되었다. 그는 동조회로, 안테나, 무선 전신과 라디오 방송, 불꽃 시스템, 테슬라 코일 등을 개발했다.

마르코니는 1901년 대서양 횡단 무선통신에 성공하였다. 레지널드 페센든은 1906년에 무선 전화를 발명했다. 페센든이 사용한 발전기는 테슬라의 발전기를 개량한 것이었다. 테슬라가 발견한 지구 정상파는 오늘날 극초장파에 의한 슈만 공명으로 알려져 있는 현상으로 잠수함 등 군사통신에 응용할 수 있었다.

테슬라는 X선 발생장치, 태양열발전시스템, 기상제어 장치 등을 개발했다. 또한 고성능 브레들리스 터빈과 수직 이착륙기 특허를 취득했다. 그는 액체 공기로 코일을 냉각해 저항이 증가하는 것을 막는 방법을 고안하였는데 이는 저온공학의 선구적 연구로 주목받는 것이었다.

무선으로 모형 보트를 조종

1898년 테슬라는 무선으로 모형 보트를 조종하는 공개실험을 해 사람들을 열광시켰다. 고주파에는 근육을 자극해 혈액순환을 활발히 하는 효과가 있기 때문에 마사지 효과를 기대할 수 있었다. 테슬라는 고주파 전원과 유도 감응되도록 만든 무선, 무선극의 방전램프를 보여주었다. 그는 '테슬라 코일'을 만들었다. 테슬라는 수십만 볼트에 달하는 고주파 전기를 연구하면서 고주파 전류가 인체에 치료효과가 있는 열을 발생시킨다고 발표했다.

'공진'이란 물체의 고유진동수와 일치한 진동이 합쳐지면 커다란

진동이 일어나는 현상이다. 음파에서는 공명이라고 한다. 테슬라가 발명한 전기 장치는 공진 현상을 사용한 것이 많았다. 그의 대단한 발명이 큰 평가를 받지 못했던 것은 너무 혁신적이었던 까닭이었다.

동조회로란 공진의 원리를 이용해 특정 주파수의 전파를 선택하는 기술이다. 1892년2월 윌리엄 크룩스는 전자기파가 무선통신에 이용될 수 있다는 사실을 발표함으로써 테슬라가 예견했던 내용들을 확인시켜 주었다. 1893년 테슬라는 최초로 무선통신 시범을 대중들 앞에서 보여주었다.

그 속의 숨은 관계를 찾아내어

에디슨은 '에디슨 효과'로 알려진 현상이 지니고 있는 가치를 제대로 알아보지 못했다. 과학적 원리에 대해 에디슨은 깊이가 너무 부족했다. 테슬라는 X-레이에 관해 기초적인 연구들을 수행했다. 그는 X-레이에 노출된 눈에서 갑자기 통증을 느끼는 경우가 자주 있었다고 보고했다. X-레이의 위험성을 보고하면서 X-레이 장비의 구성과 안전한 작동에 관한 강의를 했다.

테슬라는 1897년9월 무선통신 특허를 출원했고 1900년에 특허승인을 받았다. 전기적인 공명 현상은 원래 테슬라의 아이디어가 아니었다. 콘덴서 방전에 대해 수학적으로 가능성을 처음 제시한 사람은 켈빈이었다. 하지만 그 속의 숨은 관계를 찾아내어 생명력을 부여한 것은 테슬라였다.

테슬라는 공진 변압기를 만들었다. 그는 콜로라도에서 고출력 발전기와 무선 에너지 전송, 무선 메시지 송수신, 고주파 전기장과 관련된 현상들을 실험하고자 했다. 1893년에는 무선전신 시스템을 완성했다. 1901년에 테슬라가 받은 특허에서 그는 "도체의 온도를 최대한 낮추면 저항을 상당히 줄일 수 있기 때문에 전류가 흐를 때 에너지 손실을 최소화할 수 있다"고 밝혔다.

테슬라가 소유한 무선통신 특허

테슬라는 1천200만 볼트까지 전압을 얻었고 매우 중요한 특허들을 출원했다. 그 중 하나가 '전기 에너지 전송장치'라는 이름의 특허로 와덴클리프 프로젝트와 관련이 있었다. 그는 의료기기사업으로부터 조금씩 돈이 들어오기 시작했다. 테슬라는 새 터빈을 개발하는 데 성공했다. 1912년 웨스팅하우스와 몇몇 회사들은 와덴클리프에 공급한 장비대금을 받기 위해 소송을 제기했고 그 결과 2만3천5백 달러를 지급하라는 판결이 떨어졌다.

1915년에는 테슬라는 더 이상 호텔비를 지불할 수 없게 되자 와덴클리프를 호텔측에 넘기는 서류에 서명했다. 후에 테슬라의 특허를 이용해 상업적인 무선통신 기술을 개발한 독일 회사는 9천 마일까지 신호를 전송하는 데 성공했다. 테슬라는 1898년에 무선통신 특허를 취득했다. 페센든은 테슬라가 제시한 원리를 바탕으로 한 고주파 발신기를 만들어 사용했다. 테슬라는 유도 무기의 진정한 개발자이기도 하다.

레이더 원리를 발표한 테슬라

이런 상황에서 테슬라는 군사적인 목적의 레이더를 궁리했다. 결국 레이더 개발은 1917년 레이더 원리를 발표한 테슬라로부터 시작되어 국제적인 노력이 결합하여 나온 결과였다. 에디슨과 테슬라 사이에는 반감이 있었다. 그럼에도 테슬라는 "에디슨은 이론적인 교육을 전혀 받지 않았고, 사전에 그 어떤 유리한 조건을 갖고 있지 않았음에도 성실함과 근면함으로 위대한 업적을 이룬 인물이다"라고 치켜세웠다.

테슬라는 자동차 속도계에 대한 제조허가를 내주었는데 속도계와 기관차 전조등에 대한 특허료로 1917년에만 1만7천 달러를 벌어들였다. 테슬라는 세 가지 방법으로 진보에 영향을 미치는 에너지를 증가시킬 수 있다고 생각했다. 첫째, 삶의 조건을 개선하는 것, 둘째, 진보를 방해하는 힘을 감소시키는 것, 셋째, 천연 에너지원을 개발해 이용하는 것이었다.

그는 1922년 유체역학에 관한 새로운 특허를 출원했다. 노년에 테슬라는 자신이 발명한 고주파 전기치료 장치가 높은 평가를 받고 있다는 소식에 매우 기뻐했다. 테슬라는 우주에는 작용과 반작용이 언제나 공존하기 때문에 공간이 휜다는 것은 불가능하다고 생각하였는데 이는 완전히 틀린 생각이었다. 1977년이 될 때까지 전하량이 전자가 가지고 있는 기본 전하 값의 정수배로만 존재할 수 있다는 기존의 이론과 다른 의견을 제시한 사람은 테슬라밖에는 아무도 없었다.

치명적인 결함

테슬라는 일생 동안 조직에 연루되는 것을 매우 싫어했다. 로버트 언더우드 존슨은 테슬라에게 예일대학에서 명예학위를 받도록 주선했고, 나중에 컬럼비아대학에서도 테슬라에게 명예학위를 수여했다. 테슬라는 존슨 부부와 오랜 동안 친하게 지냈다.

1913년 피어폰트 모건이 사망했다. 그의 아들 모건은 테슬라에게 5천 달러를 빌려주었다. 테슬라는 유럽에서 터빈 사용허가를 내주기 시작했는데 벨기에에 사용권을 넘겨주는 대가로 1만 달러, 이탈리아로부터는 2만 달러가 들어올 예정이었다. 그러나 터빈이 돌아가는 속도를 오래도록 견딜만한 금속이 아직 없어 터빈에 문제가 발생했다. 테슬라는 미 해군 무선통신에 사용되는 통신에서 특허료로 매달 1천 달러씩을 받았다. 많은 돈을 벌었음에도 불구하고 치명적 결함을 가진 테슬라는 불행의 그림자를 피하지 못하였다.

계산에 밝지 못한 테슬라는 웨스팅하우스와 계약하였는데 그가 받은 돈은 21,600달러였다. 그 돈은 당시 평생 안락하게 먹고 살 수 있을 정도였다. 당시 보통 근로자의 연봉은 500달러 정도였다. 테슬라는 몇 년 만에 돈을 다 써 버렸고 그 후 연구비를 빌리러 다니는 처지가 되었다. 테슬라는 몽상가였고 그 상상력은 엄청난 재능이자 심각한 결함이기도 했다.

빈민구제법의 도움을 받는 극빈자

니콜라 테슬라는 '뉴욕타임스'가 "우주에서 온 환상의 발명가"라고 극찬하였는데 그는 빈민구제법의 도움을 받는 극빈자로 죽음을 맞이하고 말았다. 테슬라의 가장 애통한 실수는 웨스팅하우스사와의 계약서를 찢어버린 일이었다. 웨스팅하우스사는 그에게 지급해야 할 로열티 1,200만 달러를 지급하지 않고 있었고 테슬라는 그 계약서에 의해 억만장자가 될 수 있었다. 그는 1896년에 교류 특허권을 헐값에 넘겼는데 이로 인해 많은 수입이 끊겨져 있었다.

수입이 많고 외모가 좋은 테슬라에게 여자들도 빠져들었다. 테슬라는 돈을 제대로 관리하지 못해 돈이 모아지지 않았다. 존슨 부부는 테슬라에게 많은 여자들을 소개시켜 주었는데 그 중에는 갑부 피어폰트 모건의 딸 안네 모건 양도 있었다. 테슬라는 많은 대접을 받았는데 그에 대해 연회를 베풀기도 하였다. 그는 여자들에 대하여 상대적으로 무관심했다.

1895년에 테슬라의 실험실에서 화재가 발생하였고 그로 인해 손해금액은 100만 달러가 넘었다. 테슬라는 피츠버그에서 고급호텔에 머무르는 안락을 맛보았고 이에 탐닉하였다. 그는 뉴욕시 제1의 고급호텔인 애스터하우스에 살기로 결심했다. 그의 호화스런 생활방식은 후에 궁핍으로 결말을 맺게 되었다.

계약에 대한 주의 부족

계약에 대한 주의 부족으로 인해 테슬라에게는 미국에서 교류 특허에 대한 로열티가 들어오지 않았고, 기술 자문역을 맡으면서 웨스팅하우스사로부터 받던 급료도 끊겼다. 그러자 에드워드 딘 아담스라는 자본가가 큰 도움을 주었다. 아담스는 자본금 50만 달러의 회사를 설립해 주었고 먼저 착수금으로 4만 달러를 지급했다.

교류 로열티에 대한 테슬라의 관대한 포기는 그를 평생 괴롭혔다. 테슬라는 사치스러운 정찬, 오페라의 밤, 고급 만찬 등으로 돈을 낭비했다. 그 와중에 강력한 재정가인 모건에 의해 재정적 절망에서 구조되기도 했다. 테슬라는 매일의 운영자금과 유흥비를 위해 악전고투를 해야만 했고, 돈을 지불하지 못해 플레이어 클럽에서 제명당했다.

테슬라는 독특한 피뢰침과 공기정화 장치를 고안했다. 그는 몇 번은 꽤 묵직한 투자가들을 사업에 끌어들이기도 했다. 1910년에는 40만 달러의 자본금을 가진 테슬라오존회사가 세워졌다. 나중에 테슬라와 두 명의 투자자가 100만 달러의 자본금을 갖춘 테슬라추진력회사를 차렸다. 테슬라는 사업가들로부터 배신을 당하기도 했다.

세금을 내지 못하자 법정에 소환

1916년3월 뉴욕시에 935달러의 세금을 내지 못하자 테슬러는 법정에 소환 당했다. 몇 년째 외상으로 발도프 호텔에 살고 있었는데 돈이 한 푼도 없고 빚더미에 쌓여 있다는 사실을 고백해야만 했다. 60대 중반이 된 테슬라는 힘겨운 생활을 했다. 웨스팅하우스는 무선통신 사업에 뛰어들었는데 이는 테슬라에게 배신감을 안겨준 것이었다. 테슬라는 완전히 파산했고 호텔비도 제대로 지불하지 못했는데 비둘기에게 모이를 주는 것을 좋아했다.

테슬라는 친구들로부터 상당한 돈을 빌려 썼다. 그는 펜실베니아 호텔로 거처를 옮겼고, 다시 뉴요커 호텔로 옮겨 10년간 살았다. 테슬라는 큰 행동을 취하면서 돈을 양보하였고 그 결과 종종 파산을 겪어야 했다. 이따금씩 들어오는 기술 자문역을 하면서 그럭저럭 공황을 견뎌 나갔고, 웨스팅하우스를 찾아가 125달러의 월급을 받는 일자리를 얻기도 했다. 1937년에는 택시에 치여 등뼈를 다치고 갈비뼈가 세 대가 부러지는 부상을 입기도 했다.

말년에는 고독과 빈곤

특허로 막대한 수입을 올렸던 그는 무욕과 관리 능력의 결여로 말년에는 고독과 빈곤에서 살았다. 1943년 뉴욕의 한 호텔에서 사망했다. 30대 후반에 테슬라는 잘 생긴 외모와 천재성으로 뉴욕의 사교계에서 많은 여성들의 마음을 훔쳤는데 평생 독신으로 살았다. 그는 정신 강박증 등 신경성 질환으로 평생 고생했다.

말년은 결코 성공자라고 볼 수 없었다. 테슬라는 모두 111개의 미국 특허를 보유했지만 등록하지 않았던 다른 발명품들이 명백히 더 많았다. 테슬라는 86세로 세상을 떠났다. 사망하고 8개월 후에 미국 대법원은 "무선통신 기술의 발명가가 테슬라"라고 결정했다. 결정적 경쟁력의 2대 지주는 정신력과 실력이다. 니콜라 테슬라는 실력은 탁월하였지만 정신력에서 너무나 치명적 결함을 가지고 있었기에 말년이 불행했던 것이다.

02

현실적 지혜

긍정과 부정 양면의 적절한 균형

오스트리아 출생의 영국 철학자로 1994년에 세상을 떠난 칼 포퍼는 "삶은 문제해결의 연속이다"라고 말했다. 이는 인생에 긍정적인 면만이 아니라 부정적인 면도 항상 존재한다는 것이다. 긍정적 사고가 항상 좋은 것은 아니다. 지나친 긍정은 현실도피와 같다. 현실적인 긍정과 현실도피적인 긍정은 종이 한 장의 차이이다. 지나친 긍정은 인생을 고통스럽게 만든다. 정신의학자들의 연구에 의하면 긍정과 부정 양면의 적절한 균형이 도움이 된다는 것이다.

'반성'은 실패를 극복하는 데 매우 중요하다. 정신의학에서 부정적 사고는 비관이나 불안, 공포 등이 원인이 되어 나타나는 방어반응으로 본다. 현실을 너무 긍정적으로 보는 사람보다는 약간 부정적인 사람이 미래를 예측함에 있어 정확도가 높다는 사실이다. 그 이유는 약간 부정적인 시각을 가짐으로 현실을 직시할 수 있기 때문이다.

긍정과 부정 양쪽의 관점을 균형있게 유지하는 것이 중요하다.

적응력이 뛰어난 사람은 현실에 잘 적응하는 것이며 이는 창의력이나 돌파력이 없다는 증거이기도 하다. 잘 적응하지 못하는 사람 즉 부정적인 사람은 적응하지 못하는 데서 뿜어내는 폭발력으로 성공을 거두기도 한다. 실제로 천재적인 아이디어를 가졌던 많은 사람들은 현실적인 능력에서 문제가 있던 사람들이 많았다.

지나친 긍정적 사고나 지나친 부정적 사고

부정적 사고는 현실을 직시하고 필요한 대책을 세우는 데 아주 중요하다. 부정적인 사람은 사업에서 고객이 품고 있는 부정적인 부분을 빨리 알아차리고 대처할 수 있는 유리한 위치에 있게 된다. 정신과 의사나 카운슬러 중에 부정적인 사고방식을 가진 사람이 많다는 사실이다.

부정적 사고에는 큰 힘이 내재되어 있다. 상대를 부정적으로 보는 사고는 사기를 당할 위험이 적다. 지나친 긍정적 사고나 지나친 부정적 사고 모두 현실도피라고 할 수 있다. 인간은 감정적 냉정함을 유지할 때 마음이 안정된다. 긍정적 사고란 무언가를 획득하려는 심리와 관련이 있고, 부정적 사고는 상실하는 심리와 관련이 있다. 마음의 병을 앓기 쉬운 사람은 본래 긍정적이고 자아실현에 대한 소망이 강한 사람이라고 한다. 마음을 비운 사람 즉 욕심이 적은 사람은 마음의 병을 앓을 가능성도 적다는 것이다.

쉽게 사기를 당하는 사람의 공통점은 마음이 유약한 사람들이 많다는 것이다. 이들은 거절 즉 부정적 반응을 하는 것을 어려워한다. 인간사회는 선한 사람들도 있지만 악한 사람들도 있다는 사실을 인정해야 한다. 그러므로 긍정적인 생각, 긍정적인 반응이 좋을 때가 있고 부정적인 생각이나 부정적 반응이 좋을 때도 있다는 것이다.

합리주의자는 배우는 것을 중요하게

유연하게 살아가려면 '작은 실패'도 필요하다. 자신감은 긍정적 사고로 이어진다. 대부분 실패의 원인은 너무 높은 목표를 세우는 데 있다. 높은 목표가 중요한 것이 아니다. 목표를 향해 무엇인가 자신을 자극하면서 나아가는 자세가 더 중요하다. 할 수 있는 부분에 주목하는 것이 중요하지 할 수 없는 부분에 속을 썩이는 것은 지혜롭지 못하다.

철학자 칼 포퍼는 "합리주의자는 배우는 것을 중요하게 여기는 사람이다. 중요한 것은 '비판적 논의'다"라고 말했다. 그가 말하는 합리주의적 태도란 '내가 틀리고 당신이 옳을 수도 있다'는 태도였다. 긍정적 태도와 부정적 태도가 상황에 따라서 달리 필요할 수 있다는 것이다. 어떤 사람들은 '신념은 변하지 않고 항상 같아야 한다'고 생각한다. 영국의 수상이었던 윈스턴 처칠은 신념에 따라 소속 정당을 두 번이나 바꾸었다. 처칠 자신이 고집이 무척 센 사람이었고 신념이 강한 성격이었음에도 자신의 생각을 바꾸었다는 사실이다.

모든 생각과 결정은 오류 가능성을 내포

삶은 문제해결의 연속이다. 그러므로 삶의 행로에서 행로 수정은 필연적일 수밖에 없다. 그 행로가 절대로 틀림이 없는 것이 아닌 한 인간의 모든 생각과 결정은 오류 가능성을 내포하고 있기 때문이다. 미국의 부즈앨런&해밀턴사가 1980년대에 조사한 바에 의하면, 신상품 아이디어 중 단 14%만이 상품화되었다고 한다. 이는 현실에서 성공적인 결말로 이어지는 것은 매우 적다는 것이다. 인생은 긍정적인 결말보다 부정적인 결말이 상당히 많다.

영국의 저명한 생물학자인 J.B.할데인은 아이디어 수용 4단계설을 주장하였다. 그에 의하면 첫 번째 단계는 '새로운 아이디어가 아무런 가치가 없어 무시하는 단계'이다. 두 번째 단계는 '흥미롭기는 하지만 잘못된 것이라고 생각하는 단계'이다. 세 번째 단계는 '아이디어는 좋지만 사소한 것이라는 반응이 나오는 단계'이다. 네 번째 단계는 '자신이 항상 말하던 것이 바로 이것이라고 말하는 단계'이다. 현실에서 아이디어가 4단계를 거쳐 최종적으로 긍정적 성과를 거두는 것은 매우 희소하다. 인생의 모든 과정은 쉬운 것이 오히려 적다.

삶은 문제의 연속이다. 독자가 필자의 책을 읽는 것도 부정적 결말보다는 긍정적 결말로 열매를 맺으려는 노하우를 발견하기 위한 것이다. 뛰어난 기업들은 자신들이 잘나서 성공했다는 오만과 착각에 빠지지 않는다. 일시적 성공을 거두었다가 몰락한 기업들을 분석하는 것이 성공비결을 얻는 첫 단계이다.

여러 해 전에 유명했던 왕연구소

여러 해 전에 유명했던 왕연구소, 디지털이큅먼트사DEC, 선마이크로시스템즈 등은 지금 존재하지 않는다. 왕연구소는 1999년 남은 자산을 매각하였고, DEC는 1989년에 컴팩컴퓨터에 매각되었고, 선마이크로시스템즈는 2009년 오라클에 매각되었다.

어리석은 기업은 자사의 역량을 과신하는 경향이 있다. 왕연구소는 컴퓨터 공학자인 왕안이 1951년에 창립하였다. 왕안은 초기 컴퓨터 산업의 핵심 기술이었던 코어 메모리를 개발하였고 수백만 달러에 코어 메모리 특허권을 IBM에 팔았다. 1960년대에 왕은 프로그램 작동이 가능한 전자계산기를 출시했고 시장을 선점하였다. 왕은 1967년에 뉴욕증권거래소에 회사를 상장했고 그의 회사에서 생산된 탁상용 계산기는 선풍적인 인기를 끌었다.

1970년대에 왕은 컴퓨터에 영상화면을 추가하고 워드프로세스 시장의 리더로 혁신적인 컴퓨터를 만들었다. 왕연구소의 워드프로세싱 시스템은 간편하고 저렴하여 큰 인기를 끌었다. 왕연구소는 통합정보시스템이라는 새로운 시장영역을 개척하였다. 회사는 성장률이 연평균 61%에 이르는 놀라운 결과였다. 1982년 왕연구소는 10억 달러의 매출을 달성했고 2년 후 두 배가 되었다. 1981년에 시장에는 PC가 등장하였다. 왕연구소는 시장의 변화가 부정적인 방향으로 흐르고 있다는 사실을 감지하지 못하였다. 긍정적으로만 생각하라는 풍조에 부정적인 생각을 할 엄두를 누구도 하지 못했던 것이다.

1985년 고공으로 행진하던 왕연구소의 수익은 66%나 감소하였다. 충격이었다. 회사는 인력의 5%를 감축하게 되었다. 1980년대가 끝나갈 무렵에 신생업체들이 유닉스 운영체제로 무장하여 시장이 변화하고 있었다. 그럼에도 왕연구소는 워드프로세서뿐 아니라 데이터 처리분야에서 IBM과 정면승부할 수 있다는 생각에 사로잡혀 있었다. 결국 왕연구소는 1992년 파산보호를 신청했다.

자신이 노숙자가 될 가능성을

긍정적으로만 생각하면 삶의 다른 면을 보지 못한 가능성이 높다. 지금 부자로 잘 살고 있더라도 자신이 노숙자가 될 가능성을 생각해보지 않는 사람은 위험하다. 기업도 잘 나가다 하루아침에 무너지기도 한다. 디지털 이큅먼트사는 DEC라고도 불렸다. 이 회사는 1950년대에 사업을 시작하였는데 창업자는 켄 올슨이었다. DEC가 개발한 컴퓨터는 100만 달러가 넘는 기존의 컴퓨터를 대신하여 약10만 달러에 구입할 수 있어 최고의 인기를 누리게 되었다.

DEC의 미니컴퓨터는 가격이 1만8천 달러짜리인 'PDP-8'이라는 상품이 첫 해에만 5만대가 팔렸다. 시장에서는 이 제품에 대하여 엄청난 폭발적인 반응으로 회사는 돈을 마구 쓸어모으고 있었다. 1970년 'PDP-11'이 출시되었는데 1만8백 달러로 60만 대가 팔렸다. DEC는 '슈퍼 미니' 제품을 개발하였고 시장에서 큰 선풍을 일으켰다. 당시는 100개가 넘는 미니컴퓨터 업체들이 DEC의 시장지배력에 도전하고 있었다.

DEC는 소프트웨어의 시장 가치를 제대로 이해하지 못했고 하드웨어 개발에만 엄청난 비용을 투자했다. 수익은 엄청나게 하락했다. 결국 1998년 DEC는 9억6천만 달러에 컴팩에 매각되었다. 혁신적인 공학기술은 성공에 매우 중요한 요소지만 고객의 문제를 해결하기 위한 전략이 더 중요하였다. DEC은 PC가 등장할 때 이 시장을 무시하였다. 긍정적인 면만 보았지 부정적인 면은 생각하려고 하지 않았다.

새로운 영역의 선두로 나아갔다

아무리 훌륭한 비전이라도 실수 가능성을 유념해야 한다. 선마이크로시스템즈는 표준 운영체제 플랫폼을 활용하여 새로운 영역의 선두로 나아갔다. 선은 1982년 스탠퍼드대학 학생들이 설립하였고 공동설립자로 안드레이 벡톨샤임이 저가의 고성능 워크스테이션을 설계하였다. 선은 유닉스 운영체제를 선택하였다. 유닉스 운영체제를 개발한 AT&T는 반독점규제로 인해 컴퓨터 사업에 뛰어들지 못해 유닉스를 무상으로 배포하였다.

선은 자체 개발한 분산파일시스템을 광범위하게 허가하여 경쟁업체들과 차별화하였다. 선은 1984년 분산파일시스템인 NFS를 기업 고객들에게 무상으로 배포하는 결정을 내렸다. 이후 선은 경이롭게도 3년 동안 연간 145%의 성장을 이루어냈고 1988년 10억 달러 규모의 기업이 되었다. 선은 워크스테이션 시장을 장악하였고 많은 업체를 인수하여 유닉스 시장의 지배력을 확고히 다져나갔다. 선은 크레이리서치 같은 하드웨어 업체들을 인수했다. 선은 PC시장에 진출하지 못하고 주저하였다. 자신의 성공에 도취하여 새로운 시장에 도전할 생각을 주저하였던 것이다.

선은 클라우드 컴퓨팅 시장에 진출하였는데 IBM, HP, EMC등의 강자들이 선의 핵심 사업에 타격을 입히고 있었다. 경쟁이 치열한 하드웨어 시장에서 소프트웨어를 무상 제공하여 발생한 손실을 회복하기 어려웠다. 결국 선은 70억 달러가 안 되는 가격에 오라클에 매각되었다.

그동안 성공해오던 자신의 전략만을 생각했던 선은 전략을 수정하지 않았고 수익성을 제고하지 못했다. 선은 뛰어난 하드웨어 기술력을 기반으로 성공 가도를 달렸으나 소프트웨어에 대한 혁신을 지속하지 못했다. 선은 마이크로소프트 윈도 같은 경쟁 제품을 상대로 고전을 면치 못했다. 선이 시장의 다른 면을 신중하게 고려하면서 저력을 길렀다면 지금 이 회사는 엄청난 경쟁력을 가진 다른 회사로 변모되었을 것이다. 지난 일은 그저 후회할 뿐 변명이 필요 없다.

불완전성을 자각하고 끊임없이 자기비판

과학에서 주장 혹은 진술이 '증명될 수 있으면', 혹은 그것이 '참의 명제임이 논증될 수 있으면' 과학에 속한다. 칼 포퍼가 오류를 범하는 인간의 불완전성을 자각하고 끊임없이 자기비판을 강조하였던 것은 매우 합리적인 생각이었다. 그는 문제들에 애착을 갖고 연구하는 방법을 선호했다.

현대의 과학적 접근법은 '반증의 시도'라는 점이 특징이다. 포퍼에 의하면, 과학을 진정한 과학으로 만드는 결정적 요소는 비판적 접근이다. 이는 반증을 통해 새로운 사실을 배운다는 것을 의미한다. 칼 포퍼는 "나는 아무 것도 모르며 그것이 인생의 기본적인 진리"라고 말하였다. 완전한 확실성만이 진정한 지식을 의미한다는 것이다.

자기비판적 태도와 객관적 진리 두 가치

포퍼는 "과학자를 자처하는 우리들은 조금 더 겸손해져야 한다"

라고 말했다. 그는 "지식인들은 아무 것도 모른다. 더 중요한 것은 독단적 태도를 버려야 한다"라고 강조했다. 기업 경영에 종사하는 경영자나 임직원들은 기업의 생존을 위하여 이와 같은 겸손한 태도를 가져야 한다.

언제 망할지도 모른다는 겸허한 자세를 가진 임직원이 많은 회사는 생존 가능성이 매우 높다. 왜냐하면 생존하기 위한 경쟁력의 필수적인 요소 즉 정신력과 실력을 향상시키기 위하여 필사적인 노력을 할 수 있기 때문이다. 무력한 기업, 무력한 경영인, 무력한 임직원이 일하는 기업은 불행해질 가능성이 매우 높다. 칼 포퍼는 "자기 비판적 태도와 객관적 진리 이 두 가치는 중요하다"라고 말했는데 이는 학자들만이 아니라 난세에 사는 우리 모두에게 적용되는 말이다. 칼 포퍼의 단순명료한 표현법은 힘이 있다.

03

뛰어난 기업가들

앤드루 카네기

카네기는 1835년에 태어났다. 그는 8살에 학교에 들어갔고 상업적 지식을 습득할 수 있었다. 그는 "내가 성공할 수 있었던 것은 나보다 잘 아는 사람을 뽑아 쓸 줄 알았기 때문이다"라고 말했다. 그는 후에 자서전을 집필하여 자신의 성공 내용을 알려주었다. 스코틀란드의 카네기 가족은 1848년 미국으로 이민을 갔다. 아버지 나이가 43세, 어머니는 33세, 카네기는 13세였다. 카네기는 미국에 온 이후 야간학교를 다닌 것과 잠시 불어야간수업을 듣고, 낭독법을 배운 것이 고작이었다. 그는 읽기와 쓰기, 계산을 할 수 있었으며 대수와 라틴어를 공부했다.

틈나는 대로 독서를

카네기는 공장의 일자리를 얻어 첫 직장에 출근하게 되었다. 일은 고되었다. 그는 공장에서 작은 증기기관을 가동시켜 보일러를 때는 일을 맡게 되었는데 주급2달러였다. 공장 주인인 헤이는 카네기가 계산을 잘한다는 것을 알고 계산을 맡기기도 하였다.

카네기는 야학에 다니면서 복식부기를 배웠다. 그는 1850년 전신국에서 전보 배달 소년을 구하고 있다는 것을 알게 되어 면접을 보았고 채용되었다. 주급2달러였는데 공장에서 일할 때보다 훨씬 편했고 즐거웠다. 카네기는 도서관의 책을 가지고 다니며 틈나는 대로 독서를 했다. 역사책, 수필 등 많은 책을 읽었다. 사무실에서 있을 때는 전신 기사들이 출근하기 전에 전신 기기들을 만져볼 수 있었다. 그는 곧 키를 조작하여 전신국 소년들과 통신할 수 있게 되었다. 새로운 전신 기사가 필요하자 카네기는 전신 기사로 채용되었고 월25달러라는 많은 급료를 받게 되었다.

1853년 카네기는 스콧이라는 철도회사 간부를 알게 되었고 철도회사의 사무원 겸 전신 기사가 되었다. 카네기는 철도 운영에 대해서도 항상 무언가를 배우려고 하였고 상사인 스콧의 업무를 익혀나갔다. 당시의 철도는 단선이었다. 어느 날 발생한 사고로 서부행 급행열차가 지연되고 있었다. 스콧이 사무실에 없었기에 카네기는 스콧의 이름으로 명령을 내려 모든 열차를 움직이게 했다. 스콧이 오자 그는 보고했다. 스콧은 말이 없었으나 만족하는 것 같았다.

스콧의 업무를 파악하고 있던 카네기

그런 일이 다시 생겼을 때에도 스콧의 업무를 파악하고 있던 카네기는 지시를 내렸고 그 후 스콧은 열차 운행을 지시하는 일은 거의 없었다. 펜실베니아 철도회사 사장 존 에드거 톰슨은 카네기가 열차를 운행시킨 사건을 보고를 들어 알고 있었다. 카네기 월급은

35달러에서 40달러로 늘었다. 스콧은 1859년 새 직책으로 승진되었다. 스콧은 카네기를 불렀다. "자네 피츠버그 지부를 맡을 수 있겠나?" 카네기의 나이는 24살이었다. 당시 카네기의 월급은 65달러였다. 피츠버그 감독이 되는 것에 동의한 그는 연봉이 1500달러가 되었다.

카네기는 1864년 피츠버그에 레일 제조회사를 세웠다. 기관차 수요가 많았기에 그는 1866년 토머스 밀러와 함께 '피츠버그 기관차 공장'을 세웠다. 이 회사의 주식은 주당 100달러였는데 1906년 3,000달러에 팔렸다. 무려 30배가 오른 것이다. 매년 배당금이 많이 지급되었고 사업은 성공적이었다. 카네기는 "최상의 제품만을 만든다"는 회사 방침을 지켰다. 최고 품질의 제품이 아니면 만들지 않았다.

최고 품질의 제품이 아니면 만들지 않았다

카네기는 철교를 고안한 린빌 등에게 철교를 제작하는 회사를 만들자고 제안했고 각자 자본금의 1/5인 1,250달러씩 출자했다. 그리하여 1862년 파이퍼앤스피쉬 회사가 설립되었고 이듬해는 키스톤교량회사로 합병되었다. 철교 제작 사업에 뛰어든 거의 모든 회사가 파산했는데 그것은 여러 개의 철교가 무너지면서 대형 열차 사고가 발생했기 때문이다. 카네기는 자체적으로 철을 생산했고 가장 좋은 자재만을 엄선하여 충분한 양을 사용했으며 가장 엄격한 검사를 실시하였기에 안전한 교량을 건설할 수 있었다. 그는 성공의 참된 비결을 실천하고 있었다.

카네기는 성공을 가져오는 요인은 품질에 있다고 확신했다. 카네기가 만든 연철로 된 다리는 기선이 부딪쳤을 때 약간 휠 뿐이었지만 주철로 만든 다리는 부서져서 무너져 내릴 것이 분명하였다. 카네기는 볼티모어-오하이오 철도회사와 큰 계약을 맺게 되었다.

최고의 기술자를 고용하여 최고 품질을

카네기는 제철업에 착수하기로 했다. 그는 뛰어난 기계공 앤드루 클로먼을 고용하였다. 카네기는 자신의 실력이 부족할 경우 실력을 갖춘 인재를 찾아 채용하였다는 사실이다. 클로먼은 아치의 연결장치를 만드는 데 성공했다. 그는 철제 빔을 만드는 것도 성공했다. 카네기는 다른 회사에서 만들지 않는 제품들을 생산했다. 최고의 기술자를 고용하여 최고 품질을 만들었다.

카네기는 제철업에서 각 공정에 드는 비용을 전혀 알 수 없다는 점에 놀랐다. 그는 자재의 재고, 가격을 산출하는 시스템을 도입하였다. 그 결과 공정에 드는 비용, 자재의 활용도, 업무의 효율성을 측정할 수 있었다. 이 제도를 시행하는 데에는 많은 반발과 어려움이 있었지만 결국 수년이 걸려 시스템은 완성되었다. 카네기는 돈과 자재를 절약하는 것이 중요함을 알고 있었다.

카네기는 신식 용광로를 사용함으로써 비용을 절감할 수 있었다. 그는 정확한 측정 방법을 도입한 까닭에 낭비를 줄였다. 카네기는 독일인 윌리엄 본트레거라는 인재를 발견했다. 그는 일정기간 동안의 결과를 자세히 기록한 보고서를 제출하여 카네기를 놀라게 했다. 본트레거는 많은 시간을 들여 그것을 작성했던 것이다. 카네기는 가장 유능한 사람에게 일을 맡긴다는 한 가지 법칙을 세웠다.

현명하게 결정하기 위해서

카네기는 투자했던 다른 회사에 대한 지분을 모두 팔고 피츠버그에 있는 제철 회사의 사업에만 전념하기로 결심했다. 현명하게 결정하기 위해서는 마음 상태가 고요하고 자유로워야 하였기 때문이다. 여러 회사에 마음을 쓰다가는 현명한 판단을 내릴 수 없다는 것이다. 카네기는 탐욕스럽게 독서하였다. 그는 1860년에 이미 부자였다. 1863년 총 수입은 4만2천 달러였다. 카네기는 비범한 지성, 실용성, 활력을 지녔으며 독서량이 매우 많았다. 그 결과 그에게는 정신력과 실력 곧 지혜가 증가되어 갔다.

카네기는 "공장을 최대한 가동하라. 공장설계에는 가장 유능한 기술자를 고용하라"고 말했다. 대규모 제강은 1850년대에 영국의 발명가 헨리 베세머가 발명한 베세머법에 의해 돌파구가 나왔다. 연료만 해도 7배나 절약되었다. 베세머법의 라이벌은 찰스 지멘스의 '평로법'이었는데 이 공법은 베세머법보다 느렸지만 제강업자들은 그것이 더 경제적이라고 생각했다. 베세머 방식을 도입하려면 두 가지 문제가 있었다. 하나는 인 함유량이 낮은 철광석이 필요하였고, 다른 하나는 특허에 관련된 혼란이었다.

카네기는 25년 동안 긴장을

카네기 스틸사는 총생산량이 영국 총생산량의 절반, 미국 총생산량의 1/4에 달하는 세계 최대의 철강회사가 되었다. 카네기 스틸은 프릭 코크스사를 매입하여 코크스에서 독점적 지위를 누렸다. 1878년에 베들레헴 스틸의 압연 공장은 완공 단계에 있었다. 카네기는 25년 동안 긴장을 풀지 않았다. 카네기는 철도회사 방식의 원가회계를 고입하여 굉장한 성과를 거두었다. 그는 모든 원재료 투입량과 폐기물 비율, 불량과 반품, 주요 공장 설비들의 가동과 정지시간 등을 기록했다. 월간동향과 연간 비교표는 톤 생산량, 용광로, 철광석 유형, 코크스의 공급처, 운송 유형 등으로 나뉘었다.

구조강업계가 모두 베세머 강철을 멀리하자 카네기는 자신의 실수를 깨닫고 홈스테드제강소를 '평로'로 모두 바꾸었다. 카네기 스틸은 레일 가격을 예전의 톤당28달러에서 14달러로 낮추었다. 카네기 스틸은 700만 달러라는 기록적인 수익을 달성했다. 1891년 카네기의 총애를 받은 34살의 찰스 슈왑이 사장직을 맡게 되었다. 슈왑은 17살에 카네기 스틸에서 기계공으로 일을 시작하였는데 방대한 제강 기술을 독학했다. 카네기는 자기보다 뛰어난 실력을 가진 자를 보면 그를 붙잡아 활용하는 능력이 있었다.

정신력과 실력 즉 지혜를 소유

제철회사의 오너이며 최고경영자인 카네기는 동생 내외와 핍스 가족, 클로먼 가족들을 보호할 책임이 있었다. 카네기는 철도경영자 스콧을 보증하는 문제에 직면하였다. 이는 그와 스콧에게 사업상의 결별을 가져다주었다. 그 고통은 참으로 컸다. 카네기는 사업에서 가장 위험한 것은 보증을 서는 일임을 깨닫고 있었다. 그는 이 원칙을 지킴으로써 그와 동업자들을 곤경에서 구해낼 수 있었는데 이는 그가 정신력과 실력 즉 지혜를 소유하고 있었기 때문이었다.

카네기는 가진 것을 여러 군데로 분산시키는 것은 좋은 방법이 아니라고 생각하였다. 그의 경험에 의하면 여러 사업에 관계해서 큰돈을 번 사람은 거의 없었고 특히 제조업 분야에서는 한 명도 없었다. 화학은 강철 제조에 있어 다른 무엇보다 필요한 분야인데도 당시 미국에서는 선철 제조와 관련하여 화학적 지식이 활용되지 못하고 있었다. 카네기는 유능한 화학자를 찾았다. 선철 제조와 관련한 불확실한 모든 것들은 화학 지식이라는 것에 의해 9/10가 사라졌다. 용광로 관리를 위해 화학자를 고용한 것은 카네기가 처음이었다. 참으로 놀라운 지혜였다.

성공과 실패는 간발의 차이로

1873년은 금융공황이 닥쳤는데 파산이 연쇄적으로 일어났다. 카네기는 보다 많은 자본을 모아야 한다는 생각에 몰두하였다. 그와 사업에 관계한 사람들 중 사치한 생활을 하는 사람은 아무도 없었다. 대불황은 처음에 주식시장과 관련된 금융계를 흔들어놓았고 상업과 제조업에는 나중에 영향을 미쳤다. 카네기 회사의 신용은 확고해졌다.

카네기는 윌리엄 본트레거에게 공장 감독을 맡겼다. 카네기는 선철 제조를 위한 용광로를 세웠고 철광석 광산을 사들였다. 광산은 철저한 분석을 한 후에 계약을 체결하였다. 용광로도 끊임없이 개량하였다. 사업상의 성공과 실패는 간발의 차이로 발생한다는 것을 그는 알게 되었다. 카네기는 직원들에게 최고의 임금을 지급하면 결국은 제품의 가격을 낮추는 데 도움이 된다고 생각하였다. 노동자가 자신의 일에 만족하여 열과 성을 다해 일할 때 가장 좋은 성과를 낼 수 있기 때문이다.

1892년7월 카네기가 스코틀랜드에 머무는 동안 회사 내에 노동분규가 일어났고 회사 역사상 가장 심각한 노동쟁의였다. 사망자가 발생하였다. 카네기가 회사 규칙으로 적어둔 것은 다음과 같았다. "회사에서 노동자들이 파업을 할 경우 노동자들과 자유롭게 대화를 나누며, 그들이 작업에 복귀할 때까지 참을성 있게 기다린다. 그들을 새로운 사람들로 교체하는 일을 절대 하지 않는다"는 규칙이었다.

카네기는 "노사문제는 임금 때문에만 발생하는 것이 아니다. 다른 것이 원인인 것이 많다. 수고에 대한 인정과 친절하고 공정한 대우 등 이런 것들이야말로 미국의 노동자들을 움직이는 힘이다"라고 말했다. 1901년3월 찰스 슈왑이 카네기를 찾아왔다. 카네기는 그의 지분을 모건에게 팔 의향이 있다는 것을 밝혔다. 카네기는 4억8천만 달러를 받았다. 1억 달러를 더 요구할 수도 있었는데 이미 충분한 재산이 있었으므로 그것은 중요하지 않았다. 피어폰트 모건은 카네기 회사를 인수하여 US스틸을 설립하였다.

정신력과 실력을 알아본 통찰력

카네기는 '앤드루 카네기 구제기금'을 설립하여 노동자들의 복지에 도움이 되게 하였다. 공공도서관 건립을 도왔으며 '카네기 협회', '영웅 기금', '카네기 교육진흥재단' 등을 세웠고 1억2천5백만 달러의 카네기 재단을 세웠다.

카네기는 독서를 좋아했다. 그가 은퇴하기 1년 전인 1900년, 미국의 강철 생산량은 영국의 두 배에 달했다. 카네기는 엄청난 열정의 소유자였다. 그는 미국의 사업가, 자선사업가로 1919년에 세상을 떠났다. 카네기재단을 비롯하며 수많은 사회사업에 기부하였으며 사업가로도 엄청난 성공을 거두었다. 뛰어난 기업가로서 그의 진정한 가치는 정신력과 실력을 알아본 통찰력에 있었다.

이나모리 가즈오

이나모리 가즈오는 마쓰시타 고노스케, 혼다 쇼이치로와 함께 일본에서 가장 존경받는 '3대 기업가'이자 '살아 있는 경영의 신'이라 불린다. 1932년생인 그는 교세라를 창업하였고 여러 기업을 성공적으로 경영하였다. 그는 저서들을 통하여 자신의 성공 원인을 알려주었다.

중요한 것은 '마음의 상태'를 다스리는 것

1959년에 창업한 교세라(교토세라믹)는 2004년 현재 직원 수 1만 4천 명의 기업으로 성장했다. 중학교 입시, 대학 입시에서 떨어지고 취직시험에서도 여러 번 낙방한 이나모리는 결핵에 걸렸던 적도 있었다. 그는 고마운 분들의 기대에 부응하기 위해 회사를 훌륭하게 키워야 하였다. 그보다 중요한 것은 바로 '마음의 상태'를 다스리는 것이었다.

이나모리는 기업을 경영할 때 신중을 기하여 빚을 지지 않는 '무차입 경영'을 신조로 삼아왔다. 그는 고향인 가고시마대학의 공학부 응용화학과를 졸업하였다. 1955년 이나모리가 입사한 쇼후공업은 법정관리 상태나 다름없는 상황이었다. 그는 고주파 절연성이 높은 포스테라이트(고토감람석) 자기연구를 맡게 되었다. 동기생들은 하나둘씩 회사를 그만두었는데 그만 남아 연구에 전념했다. 결국 1년 여 동안 연구 끝에, U자 게르시마 원료인 포스테라이트를 합성하는 데 성공했다. 이 원료는 브라운관 부품에 사용되었다.

동료들 7명이 이나모리와 함께 회사를 나가 새로운 회사를 만들기로 하였다. 자본금은 총300만 엔이었는데, 미야기전기의 사장과 회사 관계자, 이나모리, 동료들이 마련하였다. 운전자금이 필요하였는데 고맙게도 니시에다가 자신의 집을 담보로 자금을 제공해 주었다.

다행히 창업 초기에 마쓰시타전자공업이 텔레비전용 포스테라이트 자기 제품을 대량으로 발주해주었다. 1년 동안 열심히 한 결과 교토세라믹은 매출액 2,600만 엔, 경상이익 300만 엔이라는 흑자를 기록했다. 회사는 다음 해에 매출과 이익이 모두 두 배로 증가했다.

새로운 경영이념을 수립

이나모리는 새로운 경영이념을 수립하게 되었다. '전 종업원의 물심양면에 걸친 행복을 추구한다'는 것이었다. 그 후 '인류와 사회 발전에 공헌한다'는 내용을 덧붙였다. 그는 마쓰시타전자공업을 비롯하여 히타치제작소, 도시바, 미쓰비시전기, 소니, 일본전신전화공사 등 전자관을 개발하는 회사와 연구소를 분주히 찾아다녔다.

그의 뉴세라믹 고주파 절연재료는 새로운 소재여서 매출로 연결되기까지는 시간이 필요하였다.

교토세라믹은 새로운 재료를 필사적으로 개발하였고 결국 우량품을 생산할 수 있었다. 노력들이 결실을 맺어 1964년 홍콩의 마이크로일렉트로닉스로부터, 그 다음 해에는 미국의 페어차일드로부터 트랜지스터용 세라믹의 수주가 들어오기 시작했다. 이나모리는 사업 전체를 공정별, 제품별로 작은 조직으로 나눠 독립채산제를 운영하기로 하였는데 각 조직을 '아메바'라고 칭하는 아메바 제도였다.

기술 수준을 세계 최고의 수준으로

1966년 IBM으로부터 IC용집적회로용 기판 2,500만 개를 수주받았다. IBM의 주문품은 매우 까다로워서 몇 번이나 시제품을 만들어도 번번이 퇴짜를 맞았다. 교토세라믹의 기술 수준을 세계 최고의 수준으로 높일 수 있는 절호의 기회였다. 이나모리는 사장으로 취임했는데 나이 34세였고 창업한 지 8년째였다.

납기일까지 20만 개를 납품했는데 불량품으로 판정되어 되돌아왔다. 다시 노력한 결과 IBM으로부터 합격 통지를 받은 것은 수주를 받은 때로부터 7개월 후였다. IBM으로부터 높은 평가를 받고 합격통지를 받았다는 소식이 알려지자 일본 내에서 인정받게 되었다. 당시 뉴세라믹 제품은 대부분 해외 수입에 의존하고 있었는데, 거꾸로 세계에 수출할 정도의 수준 높은 제품을 개발해냈다는 것이다.

1973년에 오일 쇼크가 일어났다. 이로 인한 수주 격감은 회사에 큰 타격을 주었다. 이나모리 사장은 "고용은 사수한다"고 선언했다. 대신에 남는 인원은 화단 손질, 도랑 정비, 야외 정비 작업을 하고 기술 연수회를 열어 교육을 하였다. 1974년 말 창업 이래 최대의 위기에 처한 회사는 노동조합에게 "임금인상을 1년간 동결해 달라"고 제의하였고 노동조합은 이에 동의하였다. 다음 해에는 노조의 요구를 크게 웃도는 회답으로 그들의 노고에 보답하였고 보너스도 지급하였다.

사업의 원리원칙은 사람들에 대한 공헌

1984년 이나모리재단이 발족되었고 재단 주최 '교토상'이 제정되었다. 현재 재단의 재산은 약640억 엔이다. 교토상의 상금은 각 부문당 5,000만 엔이다. 이나모리는 1984년 교세라에 적립되어 있는 1,500억 엔 중 1,000억 엔을 기반으로 DDI를 창업하였고 2000년10월 종합전기통신회사 'KDDI'가 탄생했다. 이는 NTT에 대항할 수 있는 조직으로 여러 회사를 합병하여 만든 것이었다. 당시 일본전신전화공사는 연간 매출액이 4조 엔, 종업원 수는 33만 명이었다. 교세라는 매출액이 2,200억 엔, 종업원 수는 1만1천 명이었다.

이나모리는 "사고방식은 가장 중요하며 마음가짐이나 자세, 철학, 이념, 사상 등을 포함한다"라고 말했다. 그는 "구상은 '낙관적'으로 하되, 계획은 '비관적'으로 모든 위험성을 상정해야 한다. 그것이 결정되면 실행은 '낙관적'으로 해야 한다"라고 말했다. 그에게 사업의 원리원칙은 "그것은 사회나 사람들에 대한 공헌"에 있었다.

이나모리에게 '공부벌레'는 보고 싶은 영화나 오락을 삼가고 자신을 채찍질하여 이겨내며 곤란한 일에도 정면으로 맞부딪치는 사람이었다. 놀고 싶은 마음을 자제하는 것은 극기심이며 이는 능력의 하나라는 것이다. 이나모리에게 '겸허함'은 중요하였다. 그에게 '겸허함'이란 항상 공손한 마음으로 상대를 먼저 배려하며 양보하는 마음을 가지는 것을 말하였다. 날마다 반성하면서 마음을 수양하는 것은 '순박한 마음'의 실천이자 산물이며 행복의 원천이라는 것이다.

교세라 그룹은 159개의 자회사에 5만8천 명의 직원이 있다. 이나모리는 "오늘 하루를 열심히 살자"라는 단기목표만으로 살아왔다. 그는 장기계획을 세우지 않았다. 그는 "오늘 하루를 열심히 살면 내일이 보인다. 이번 달을 열심히 살면 다음 달이 보인다. 올 한 해를 열심히 살면 내년이 보인다"는 것이다.

윤리가 결여되면 제 기능을 발휘 못해

이나모리에게 인간성을 함양하기 위해서는 도덕을 배우는 것이 필수였다. 마음을 풍요롭게 만드는 것이 도덕이라는 것이다. 그는 기업의 리더에게 "사람으로서 무엇이 바른 것인가?"라는 철학과 윤리가 있어야 한다고 생각했다. 올바른 철학과 윤리가 결여되어 있으면 모든 제도가 제 기능을 발휘하지 못하기 때문이었다.

아메바 경영은 리더를 뽑아 경영을 맡김으로써 경영자 의식을 가진 리더들을 육성하는 것이고 전원이 참가하는 경영을 실현하는 것이었다. 각 아메바마다 경영내용을 정확하게 파악하고 부문별 채산관리구조를 구축하는 것이다. 교세라나 KDDI뿐 아니라 이미 300개 이상의 기업이 아메바 경영을 도입해 업적을 비약적으로 향상시키고 있다는 사실이다.

이나모리는 사업 초기에 제품개발에서 제조, 영업까지 혼자서 도맡아 이리저리 뛰어다녀야 했다. "나 혼자서가 아니라 리더들을 만들어 소집단 관리를 하도록 하면 될 것이다"라는 생각이 들었다. 어차피 회사를 소집단으로 나눈다면 그 조직을 독립채산으로 하고 손익계산도 간단하고 쉽게 '시간당 채산표'라는 결산서로 하기로 하였다. 시간당 채산표란 '매출을 최대로, 경비를 최소로 하면 그 차액인 부가가치도 최대가 된다'는 경영의 원칙을 채산표 형태로 나타낸 것이다.

이러한 입장 변화야말로 경영자 의식의 시작이었다. '경영자가 노동자의 입장이나 권리를 존중하고, 노동자는 경영자와 마찬가지로 회사 전체를 위해서 공헌하려는 생각을 가진다면 노사간의 대립은 저절로 사라질 것이다'라는 결론에 이나모리는 도달했다. 경영실태를 전 사원들에게 공개하여 모두의 이해를 얻는 것이 중요하다는 것이다.

리더는 스스로 통제하고 연찬을 거듭

이나모리는 항상 "리더란 실로 인격자여야 한다"고 말했다. 리더는 항상 스스로 통제하고 연찬을 거듭해 나가지 않으면 안 된다는 것이다. 실력주의야말로 회사발전의 기초이고 아메바 경영의 중요한 운영원칙이었다. 현재 교세라에는 세분화된 아메바의 숫자가 약 3,000여 개에 달한다. 이나모리는 위기감에서 항상 조직을 변화시켜왔다.

각 아메바에서 발생한 매출, 생산, 경비, 시간 등의 실적 숫자를 정확하게 파악하는 것이 중요하였다. 물건이나 돈의 움직임을 1대1 대응으로 파악하고 투명하게 관리하는 것이다. 모든 업무에서 '더블 체크'를 했다. 문제가 발생하면 즉시 그 대책을 강구해야 하였다. 시간단 채산을 향상시키기 위해 '매출(총생산)을 늘린다', '경비를 줄인다', '시간을 단축한다'는 세 가지 목표가 있었다. 그에게 경영이라는 것은 매일의 판단이 집적된 것이며 그 결과가 실적이 되어 나타난다는 것이다.

큰 장벽은 편안함과 안이함을 찾는 자기 자신

"인생에서 가장 큰 장벽은 바로 편안함과 안이함을 찾는 자기 자신이다"라고 이나모리는 말했다. 그는 "기술 우선이 아니라 직원 우선의 회사가 되기로 결정했다"라고 말했다. 그는 거품경제 시기에 땅투기 등을 거절했다. 오직 회사의 자금으로 공장과 장비에 적절히 투자하였다. 근본적인 원칙을 지켰던 것이 결국 좋은 결과가 되었다.

몇 년 전 일본항공(JAL)이 도산 위기에 처했을 때 70세가 넘은 그를 회장으로 영입하여 회생을 부탁한 일은 일본 사회의 화제가 되었다. 그가 뛰어난 기업가로 인정받고 존경받는다는 증거였다. 이나모리는 "오늘보다 더 나은 일을 내일 하라. 평생 혁신해야 한다. 긴장된 정신 상태를 유지해야 한다"라고 말했다. 그에게 있어 모든 것은 정신력과 실력으로 결론을 맺었다.

조지 이스트먼

1854년 조지 이스트먼이 태어났다. 그는 독서를 좋아했다. 1874년 로체스터 저축은행의 취직자리를 알게 되었고 이스트먼은 채용되었다. 이스트먼은 숫자 감각도 있었고 대단한 집중력의 소유자였다. 학습을 좋아했던 이스트먼은 자신의 가치를 절대로 낮게 평가하지 않았다. 그는 사진에 관심을 갖게 되었다. 그는 은행원으로서, 남는 시간을 이용해 건판 감광유제 제조법을 연구했다. 시도에 시도를 거듭한 끝에 자신이 원하던 바를 얻어냈다. 이스트먼은 전문 사진가에게서 사진 교습을 받았다. 철저하게 학습하고 준비하는 정신은 조지 이스트먼의 특징이었다.

그는 1878년6월 영국으로 건너갔는데, 감광유제와 코팅기계 모두에 대한 특허를 신청하기 위해서였다. 회사가 설립될 당시 이스트먼의 사업관계는 확고하였다. 이스트먼과 헨리 스트롱의 관계는 오랜 동안 든든한 관계로 계속 이어졌다. 스트롱은 1880년에 이스트먼에게 1,000불을 투자했다. 스트롱은 이스트먼 회사의 사장, 이스트먼은 회계를 담당했다.

강한 집중력과 책임 완수능력

이스트먼의 강한 집중력과 책임 완수능력은 뛰어났다. 습식에서 건판으로의 변화는 혁명이었다. 이스트먼은 끊임없이 학습하는 사람이었다. 그는 필름, 필름제작 공정, 풀 홀더를 사진 산업의 세 가지 기본요소로 보고, 회사 설립 초기에 개발과 특허 획득을 위해 전력을 다했다. 그는 가격과 생산을 통제하기 위해 경쟁 회사들과 연합을 맺었다. 그는 경쟁을 제어하기 위해 다른 회사를 사들이기 시작했는데, 최소한 16개 이상의 회사를 사들였다.

1888년까지 이스트먼과 직원들은 필름이나 코팅 감광판용 감광유제 제조를 비롯한 세세한 문제들에 전력투구하고 있었다. 화학, 롤 홀더, 특허, 소송, 기업비밀, 스파이, 하청업체, 유통업자, 직원, 경쟁사, 국외권리, 국내 법규 등등 이스트먼은 이러한 문제들과 씨름하였고 항상 문제를 해결하며 다녀야 했다.

1887년에 이스트먼은 카메라 개발에 착수하였는데 신형 코닥 카메라는 가격은 25불이었다. 이 25불 코닥 카메라는 출하될 때 100장 분량의 필름 롤을 장전하고 있었다. 100장이 모두 사진을 찍어 노출된 후 카메라를 다시 로체스터로 돌려보내지면 이스트먼 코닥 회사는 필름을 빼내어 사진을 현상한 다음, 새 필름을 넣은 카메라를 사진과 함께 고객에게 보내주었다. 이 서비스 비용은 10불이었다.

죽는 날까지 또 학습하는 위대한 기업인

1889년에 신형 코닥을 출하하였고, 1900년에 코닥 브라우니 카메라를 세상에 내놓았다. 브라우니의 가격은 1불, 필름가격은 15센트였다. 코닥 브라우니의 출시는 큰 성공이었다. 이스트먼은 1898년경 거의 100만불의 순이익을 배당받고 이 금액 중 175,000불을 직원들에게 나눠 주기로 했다. 대단한 결정이었다.

그는 자살하였는데 우울증이 원인이었다. 이스트먼은 척추질환이 악화되면서 요실금을 앓고 있었고, 심각한 정신적 괴로움의 원인이 되었다. 그는 열정의 소유자였지만 현실성을 잃은 적은 결코 없었다. 중도에 인생을 마감하였지만 그는 죽는 날까지 학습하고 또 학습하는 위대한 기업인이었다.

04

경영자의 비합리성

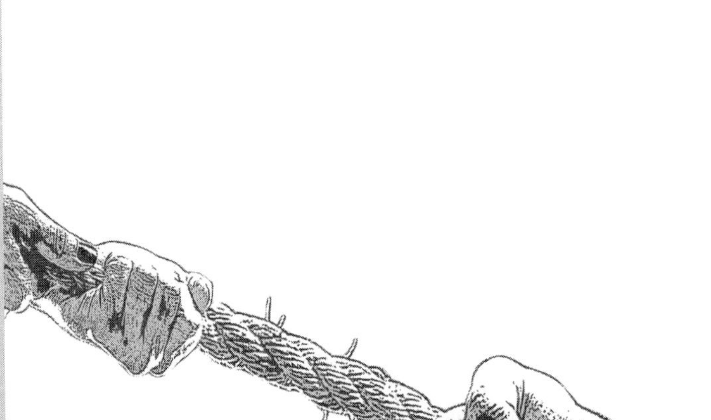

경영자의 비합리성

어느 심리학 연구에서, '젊음'과 관계된 단어를 제시받았던 참가자들은 계단을 성큼성큼 뛰어올라 갔고, '늙음'과 관계된 단어를 제시받았던 참가자들은 느릿느릿 천천히 계단을 올라갔다. 이는 인간의 인식에 착각이 항상 개입된다는 것을 보여주는 사례였다.

인식 능력과 판단 능력은 완전과는 차이

1776년 '국부론'을 펴낸 애덤 스미스는 인간을 이성적으로 행동하는 사람으로 생각하였는데 현실에서는 아니라는 증거가 많다는 사실이다. 1950년대 중반 경제학자 허버트 알렉산더 사이먼은 '제한된 합리성'이라는 개념을 도입하였다. 그는 인간에게 완전히 이성적인 태도는 불가능하다고 보았다. 이는 정보가 턱없이 부족하기 때문이기도 하고 인간의 인식 능력과 판단 능력은 완전과는 상당히 차이가 있기 때문이다.

결정적 경쟁력을 확보하는 데에는 정신력과 실력을 갖추어야 한다. 이는 착각이나 실수, 조급함을 극복해야 함을 의미한다. 생각하는 능력이 부족하면 많은 함정에 빠질 가능성이 높아진다. 스스로 생각하는 능력이 없게 되면 우리의 생각은 무의식이 주도할 수 있기 때문이다. 경영자는 생각하는 능력, 판단하는 능력이 매우 중요한 데 필자가 정신력과 실력을 강조하는 이유가 바로 여기에 있다.

'사소함의 법칙'

뇌는 인체 무게의 평균2%이지만 전체 에너지의 20%를 소비한다. 의식적인 사고는 무의식적인 것에 비해 훨씬 많은 에너지를 필요로 한다. 생각은 그만큼 에너지를 많이 소모하며 어려운 것이다. 경영의 역사를 살펴보면 수많은 경영자들이 착각와 실수를 많이 경험했다는 것을 알 수 있다. 이는 그들이 좀더 현명해져야 한다는 것을 말하는 것이다.

인간은 별 것 아닌 결정을 내리는 데는 많은 시간을 할애하지만, 정작 중요한 결정은 적은 시간을 들인다는 역설이 있다. 이를 '사소함의 법칙'이라고 한다. 영국의 전통있는 은행이었던 베어링즈 은행은 한 직원의 어처구니없는 무모한 투자로 인해 10억 달러 이상의 손실을 입었고 수백 년의 역사를 지닌 그 은행은 도산하게 되었다.

그 은행은 이러한 참사 이전에 회계시스템의 이상 유무를 검증하는 소프트웨어를 구입하는 문제로 이사회에서 임원들은 격론을 벌였는데 그 구입가격은 5만 달러가 되지 않았다. 이사회의 이사들은 수천만 달러나 수억 달러의 손실에는 무기력하였으면서도 5만 달러를 지출하는 데는 결사적으로 격론을 벌였다는 사실이다. 이들이 5

만 달러의 '작은 금액'에 집착하지 않고 더 큰 손실을 예상할 수 있었다면 베어링즈 은행은 파산하지 않았을 것이다. 경영자의 책임은 무거운 것이다.

'나이'를 탓하면서 학습하지 않는 경향

어느 영국의 대기업 임원회의에서 1억 파운드가 드는 공장을 지을 것인지에 대한 결정은 15분 만에 결론을 내렸다. 한편 자전거 거치대를 설치하는 문제에 대해서는 3천5백 파운드가 드는 것이었음에도 1시간15분의 격론을 벌였고 결국 다음 회의로 결정을 보류하였다.

1998년 스웨덴 예테보리 대학병원의 신경학 교수 페터 에릭손은 성인 뇌에서도 새로운 세포가 계속 생성된다는 사실을 처음으로 입증해냈다. 이는 획기적인 연구결과였다. 인간은 나이가 들어도 학습할 수 있다는 직접적인 증거였다. 경영자들은 대부분 연륜이 있는 사람들이다. 이들은 '나이'를 탓하면서 학습을 하지 않는 경향이 있다. 이는 엄청난 능력의 손실이며 회사에도 큰 손해의 원인이 된다. 학습을 하지 않으면 정신력과 실력을 향상시키는 기회를 놓치기 때문이다.

학습은 나이가 들어도 아무런 지장이 없이 무난하게 할 수 있다. 필자는 61세의 나이임에도 매월 15권 이상의 책을 10회 이상 학습하고 있는데 신경학 교수 페터 에릭손의 연구결과 발표 이전부터 해오던 필자의 습관이었다. 필자는 에릭손 교수의 발표를 통해 확신한 것을 다시 확인하게 되었다. 학습을 통해 뇌에는 지속적인 변화가 일어난다. 인간은 많은 것에 쉽게 적응할 수 있는데 이는 뇌의 변화를 통해 가능하다. 파울 바츨라비크는 "인간이 소통하지 않는 것은 불가능하다"라고 말했다. 인간은 무언가 배우고 소통해야만 하는 것이다.

가장 중요한 책무는 결정하는 것

인간에게 새로움은 자극적이며 새로움은 뇌에 활력을 불어넣는다는 사실이다. 우리는 선택적 지각을 통해 스스로 자신의 선입견을 굳힌다. 이는 우리가 알고 싶어하는 것만을 선택하거나 자신의 견해에 부합되는 것만을 선택하려는 경향이다. 감정도 연습하면 얼마든지 통제할 수 있다는 사실이 신경면역학자 데이비드 크레스웰의 실험을 통해 확인되었다. 경영자는 연습과 반성을 통해 즉 지속적인 학습을 통해 비합리성을 교정할 수 있다는 사실이다.

경영자의 가장 중요한 책무는 결정하는 것이다. 인간의 나쁜 습관의 대표적인 예는 중요한 결정을 자꾸 미루는 것이다. 다중지능론의 창시자 하워드 가드너는 "사고방식의 틀을 20%만 바꾸면 인생의 80%가 달라진다"라고 말했다. 가드너는 "나이를 먹을수록 두뇌는 굳어지며 생각을 바꾸기가 힘들어진다"고 강조했다. 결국 끊임없는 학습으로 자신의 경향을 극복하는 것만이 '합리성'을 가질 수 있다.

1990년대는 IT광풍의 시대였다. 심리학자이며 정신과 의사인 존 가트너는 "내가 면담을 실시했던 기업가들은 100% 모두 하이포마니아였다"라고 말했다. 하이포마니아는 '경조증'을 말하는데 이는 질병이 아니다. 경조증이란 '무언가에 깊이 열중하게 만들면서 강력하고 생산적이고 바람직한 감정을 일으키는 고양된 마음 상태'라고 정의할 수 있다. 존 가트너는 경영자들의 특징인 경조증의 여러 면을 저서를 통해 알려주었다.

아이디어를 쏟아내는 아주 창의적인 사람들

성공적인 기업가들은 끊임없이 아이디어를 쏟아내는 아주 창의적인 사람들이라고 한다. 조증은 심각한 정신질환이지만 하이포마니아는 그 자체로는 질병이 아니다. 넷스케이프를 설립했던 짐 클라크에 관해 공동설립자였던 짐 박스테일은 "자신의 광기를 잘 통제하지 못하는 사람"이라고 묘사했다. 클라크는 짜증을 잘 내고 금방 무료해하는 경향이 있었다는 것이다.

조울병의 발병률은 전체 인구의 1%도 안 되는데, 하이포마니아는 전체 인구의 5-10%에 이른다고 한다. 성공적인 사람을 구별할 수 있는 한 가지 특징은 기질적으로 의욕이 아주 넘친다는 것이다. 이는 경영자 기질과 매우 흡사하다. 즉 하이포마니아와 비슷하다는 것이다. 활력, 추진력, 지나친 낙관주의, 열정, 창의성, 이상주의, 자만심 등은 미국인의 특징으로 꼽혀왔다. 이는 하이포마니아의 특징과 유사하다.

하이포마니아는 기질적으로 이민자가 되기에 이상적인 조건을 갖추고 있다. 미국인들은 평균적으로 5년에 한 번꼴로 거주지를 옮긴다고 한다. 미국인들은 일중독자가 많은데 그런 일중독의 원인은 '이민자들의 일에 대한 적극성'이 원인이라고 한다. 미국에서는 파산을 해도 전혀 불명예로 여기지 않는다고 한다. 한 조사에 의하면, "당신이 사는 곳에서는 파산을 한 후 새로운 사업에 뛰어드는 것을 바람직한 행동으로 여기는가?"라는 질문에 미국인들을 91%가 '그렇다'고 대답하였고 영국인들은 28%, 일본인들은 8%였다.

기업가적 성향이 아주 높은 사람들

미국 대학생의 59%가 자신이 지금 백만장자라는 목표를 향해 나아가고 있다고 믿고 있었다. 그것이 착각일지라도 그렇게 믿고 싶어하는 강한 욕구가 있었다는 것이다. 조사결과에 의하면, 미국에서는 신생 업체 5곳 중에서 4곳은 망한다고 한다. 망하는 업체들 중에 파산법원까지 와서 파산을 선언받는 경우는 일부인데 2007년 1/4분기에서 3/4분기까지만 해도 20,152개의 기업이 파산선언을 받았다.

이민자들은 기업가적 성향이 아주 높은 사람들이다. 지난 10년간 최고의 창업률을 기록한 상위 3개국은 미국, 캐나다, 이스라엘로 나타났는데 세 나라의 공통점은 이민자들이 건설한 나라라는 것이다. 전 세계 인구의 5%에 불과한 미국인이 전 세계 경제활동의 31%를 차지하게 되었다는 것은 이들의 성향이 매우 활발하다는 증거이다. 1656년 퀘이커 교도들이 미국 땅에 상륙하기 시작했다. 1643년 퀘이커 교파의 창시자 조지 팍스는 19살의 나이로 집을 나와 전전하였는데 감정 기복이 심하였고 종교적 열정과 행복감을 체험하였다. 종교적 극단론자였던 퀘이커 교도들은 타고난 사업가들이었다.

경제학자 조셉 나이는 성공을 거둔 창업자들을 가리켜 "운 좋은 바보들"이라고 주장했다. 실현 가능성이 요원함에도 자신이 세운 회사가 큰 성공을 거둘 것이라고 확신한다는 것 자체가 분별없는 행동이고 그렇기 때문에 어리석다는 것이다. 인간의 충동은 매우 힘이 강하다. 이를 성과가 있도록 이끄는 것은 지혜 곧 정신력과 실력이며 이는 학습을 통해 얻을 수 있다.

뛰어난 투자자인 데이비드 드레먼은 "역발상 투자"라는 저서를 출간했다. 그는 "사람들은 적절하게 행동하지 않는다"고 주장했다. 이는 인간의 비합리성을 지적한 것이다. 그는 "싸게 사서, 비싸게 팔라"는 투자 조언을 고수했다. 대다수 사람들은 가격이 최고점을 향해 상승할 때 매수하고, 가격이 떨어지려고 할 때 매도하는 경향이 있다는 것이다. 드레먼은 "거품이 생긴 기업의 주가는 호재에 별달리 반응하지 않으며 반면에 악재에는 신속하게 반응한다"고 말했다.

충동과 신중함이 균형을 이루어야

하버드대학 정신과 의사이자 성인 주의력결핍장애 전문가인 네드 할로웰과 존 레이티는 주의력결핍장애를 극복하는 방법으로 필수적인 것이 '반성'이라고 제안하였다. 반성은 계속할 것과 그만둬야 할 것을 구분하는 데 필수적이라는 것이다. 경영자들은 모험추구자 기질이 매우 강한 사람들이다. 성공적인 모험추구자들에게 필요한 것은 '점검'이며 반성이다. 모험추구자의 절반은 상위 소득자에 속하고 나머지 절반은 빈털터리가 된다고 한다. 모험추구형은 열정적인 몽상가라는 평가를 받는데 업무를 위임하는 기술과 인내심을 더 기를 필요성이 지적되었다.

연구에 의하면, 혁신적인 신규 사업은 대부분 실패한다고 하는데 그 이유는 균형적인 접근을 취하지 않았기 때문이다. 방향을 올바르게 유지하려면 반성이 뒤따라야 한다. 위험관리와 모험추구 사이에서 균형을 취하는 것은 가장 성공적인 전략으로 입증되었다. 인간은 자신의 주관적인 이해에는 한계가 있다는 것을 인정해야 한다. 효율적으로 되려면 충동과 신중함이 균형을 이루어야 한다. 그것이 비합리성을 극복하는 지혜로운 길이다.

05

바이킹 기업들

바이킹 기업들

항상 식량이 부족한 지역

바이킹의 고장은 스칸디나비아 3국인 스웨덴, 노르웨이, 덴마크에 핀란드와 아이슬란드를 더한 5개국이다. 이들 국가들을 합쳐도 총인구는 2천4백만 명에 불과하다. 이 지역 사람들은 열악한 환경에서 자신들의 경쟁력을 확보하는 데 탁월한 능력을 보여주었다. 오늘날 많은 스칸디나비아 기업들에서 정신력과 실력의 모범을 살펴볼 수 있다는 사실이다. 1997년 통계에 따르면, 세계시장에서 활약하는 스웨덴계 다국적 기업은 860개 그룹이다. 이들 기업의 총종업원 수는 약150만 명인데 이 중 약 48%는 국외에서 일한다. 스웨덴의 인구는 약900만명이다. 스웨덴은 국민소득이 2만8천불에 이르는 '북유럽의 부국'인데, 농사를 지을 수 있는 땅이 국토의 10%에 불과하며 항상 식량이 부족하다. 스웨덴인들은 1865-1930년까지 140만명이 미국으로 이주해 갔다.

스웨덴 출신의 올레 해드크비스트, 클라에스 안드레아손, 독일 '슈피겔'의 경제부 기자 뤼디거 융블루트는 스칸디나비아 기업들의 탁월한 경쟁력을 그들의 저술을 통하여 소개하였다. 바이킹이란 8세기 후반에서 11세기 전반까지 약250년 동안 유럽 대륙을 휩쓴 스칸디나비아의 모험가들을 가리키며 옛 노르드어로 '바다 원정'을 의미한다. 이들은 해외로 나가 모험적인 교역을 하였다. 컬럼버스가 아메리카 대륙을 발견하기 5세기 전 바이킹의 영웅 레이브 에릭손이 이미 아메리카 대륙을 발견하였다는 사실이다.

경이적인 조선술과 탁월한 항해술을 갖고

10세기에 프랑스 노르망디 지방에 이주한 덴마크계 사람들을 '노르만인'이라고 부른다. 광의의 노르만인은 바이킹이다. 바이킹은 활발하게 해외로 진출하였는데 이들은 약탈 행위를 하는 해적이 되기도 했다. 이들은 교역 상인으로 유럽 전역을 종횡무진 왕래하였다. 이들은 경이적인 조선술과 탁월한 항해술을 갖고 있었다.

노르웨이의 바이킹은 '서방 루트'를 개척하였는데 839년 노르웨이의 수장이며 '바다의 왕자'라고 불리던 투르게이스가 북아일랜드를 정복하고 드피린(오늘날 더블린)를 건설해 그곳의 왕으로 군림했다. 노르웨이인들은 북방 루트를 개척하여 아이슬란드를 발견하였고 870-930년에 대규모로 아이슬란드로 이주하였다. 그린란드를 발견한 사람은 노르웨이인인 에리크였다.

서유럽에서 '데인족'이라 불린 덴마크 바이킹이 있었다. 덴마크 바이킹은 서프랑크(오늘날 프랑스)의 노르망디에 거주하는 권리를 얻었다. 이렇게 922년에 성립한 것이 '노르망디 공국'이다. 9세기 초부터 덴마크 바이킹은 영국에 대한 침략을 집요하게 거듭했다. 덴마크의 왕 스벤1세는 대군을 이끌고 영국을 공격하였는데 그의 아들 크누트는 1016년에 결국 잉글랜드의 왕으로 군림했다. 크누트는 덴마크, 잉글랜드, 이미 병합한 노르웨이의 세 나라를 통치하는 거대한 해양국가의 왕이 되었다.

모험 정신, 뛰어난 기술력, 이문화 적응력

1066년 노르만인의 잉글랜드 정복이 이루어지는데 노르망디 공국의 윌리엄 공이 웨식스 왕가와의 인척 관계를 내세워 잉글랜드 왕위 계승권을 주장하면서 잉글랜드에 상륙하였다. 그는 결국 헤럴드 왕에게 승리하여 윌리엄1세로 잉글랜드 왕이 되었다. 이것이 노르만 왕조의 성립이었다. 스웨덴 바이킹은 동방 루트를 개척하였다. 이들은 러시아 지역을 침범하여 슬라브인들을 다스렸다. 또한 882년에 키예프 공국을 건설했다. 러시아는 비잔틴에서 그리스정교를 받아들였다. 바이킹들은 모험 정신, 뛰어난 기술력, 이문화 적응력, 자유로운 사회제도, 자주독립 정신을 갖추고 있었다.

정밀한 철제무기는 바이킹이 압도적인 우위를 지키는 커다란 요인이었다. 스웨덴에서는 철광석에서 인을 제거하는 '토마스 처리법'이 개발되었고 펄프 및 종이를 과학적으로 제조하는 기술이 개발되었다. 스웨덴에서는 수많은 창업가가 나타났다. 에릭손사의 창업자 라스 마그나스 에릭손, 볼보사의 창업자 아서 가브리엘슨, 볼베어링사인 SKF사의 창업자 스벤 윌크위스트, 3상 전기를 개발한 요나스 웬스트롬, 고압 전기보일러와 스팀 터빈, 공기예열기를 개발한 프레드리크 융스트롬, 하셀 카메라를 발명한 빅터 하셀, 테트라팩 사의 창업자 루벤 라우징, 다이너마이트의 발명자이며 노벨상의 창설자 알프레드 노벨 등이 있다.

잉크젯프린터, 액정 디스플레이, 이동전화 등은 본래 스웨덴에서 발명된 것이다. 컴퓨터 마우스를 처음 발명한 사람은 '호칸 란스'라는 스웨덴 청년이었다. 란스는 1979년 '칼라 그래픽' 시스템을 발명하여 IBM이 이를 상용화하도록 했다. 란스는 내비게이션에 대한 특허를 따냈다. 왕성한 바이킹 기업정신은 극도로 전문화된 기술로 틈새 시장을 추구하였다. 이들은 세계시장을 대상으로 활동하였다. 이들은 고부가가치를 추구하며 기술 개발에 적극적이었다. 바이킹은 이문화에 대한 강한 적응력을 발휘하였기에 유럽 사회를 석권할 수 있었다. 요컨대 국제적 감각이 있었다. 국제 교역에서 바이킹 상인들은 서로 돕는 정신을 발휘하여 길드를 결성하기도 하였다.

정보를 대하는 바이킹 상인의 태도는 매우 진지하였다. 이들은 학습을 중시하며 늘 지식을 습득하라고 장려하였다. 바이킹 상인들을 환경이 변함에 따라 적응하고 유연하게 대응하였다. 이들은 실천적인 지식과 전문 지식을 추구하였다. 이들은 외국어 능력을 중시한다. 이들은 위계 관념이 희박하여 관료적이 아니며 적극적이고 모험 정신을 갖고 있었다.

바이킹답게 하는 것은 끝없는 탐구심

바이킹 상인들은 자주독립 정신이 강하고 개인주의적 성향이 강하였다. 바이킹이 만든 사회는 합리성을 추구한다. 스웨덴인들은 주변의 힘을 빌리지 않고 스스로 해결하려고 하는 경향이 있었다. 이는 스스로 책임지려는 자세였다. 스웨덴 기업은 조직이 계급이 많지 않고 평평한 형태를 취하고 있다. ABB사의 최고경영자였던 퍼시 바네빅은 매트릭스 조직을 추구하여 현장 책임자 위에 최대 세 명의 상사만 있게 하였다. 스웨덴 기업은 훌륭한 매니저의 조건으로 전문기술 지식, 대인 능력 등을 요건으로 내세웠다.

레이브 에릭손은 그린란드를 발견한 에리크의 아들이었다. 서기 1000년, 레이브는 35명의 선원을 태우고 그린란드를 떠났다. 유럽에서 대서양을 거쳐 미국 대륙에 최초로 건너간 사람은 레이브 에릭손이었다는 사실이다. 바이킹을 바이킹답게 하는 것은 끝없는 탐구심이었다. 바이킹 사람들은 불확실성에 도전하며 이는 관례나 전례에 연연하지 않는다는 특징이 있었다. 새로운 것이나 미지의 것에 적극적으로 도전하려는 기풍이었다.

성공한 스웨덴 기업들은 위험을 적극 감수하면서 제품을 개발하고 시장을 개척하였다. 이들은 놀라울 만큼 대담한 결단을 내리는 한편, 실행에서는 신중하며 면밀한 계산을 했다. 이들의 경영 스타일은 특징이 없다는 것이 특징인데 이는 상황이 바뀌면 신속하게 퇴각하며 대응하기 때문이다. 테트라팩사가 일본에서 최초로 이익을 올린 것은 진출한 지 17년 만의 일이었는데 이들의 인내력은 대단하였다. 스칸디나비아 출신의 글로벌 기업들에는 볼보, 아틀라스 코프코, 에릭손, 일렉트롤룩스, 샌드빅, 테트라팩, 해운회사 마스크라인 등이 있다. 핀란드의 노키아사도 세계적인 기업이다.

좋은 제품을 판매하는 정직하고 근면한 상인

이들이 성공한 비결은 전문화된 기술을 우선하는 자세, 다른 문화를 이해하려는 자세, 공정한 상거래, 자주독립 정신이었다. 이들은 관료주의를 배제하고 속도를 중시하고 모험가 정신을 존중했다. 바이킹 족은 전세계 인구의 0.3%이지만 전세계 수출액의 3%를 담당하고 있다. 독창적이고 대담한 의사결정을 특징으로 하는 바이킹 기업들은 끊임없는 변화를 통해 자사의 본질을 지켜나갔다. 이들에게 성공의 가장 중요한 두 가지 요소는 창의성과 열정이었다. 바이킹은 색다른 방식을 찾아내 생존에 활용했다. 에릭슨 사는 세계적으로 성공한 다국적 통신회사가 되었다. 덴마크의 레고사는 스토리텔링을 활용하여 세계적 회사가 되었다.

아외용 의류 제조업체인 파타고니아는 순이익의 10%를 환경보호 운동에 기부했다. 그 소문이 퍼져 나가 매출이 급등했다. 앱솔루트가 1990년대 초에 앱솔루트 아카데미를 설립한 것은 교육을 직접적인 마케팅 방식으로 활용했을 때의 효과를 시험하기 위해서였다. 아카데미는 회사 내부와 외부 사람들을 대상으로 보드카 전반과 앱솔루트에 대한 교육을 실시했다. 지금까지 10만 명이 넘는 사람들이 아카데미를 거쳐 갔다.

바이킹들은 모두 동등한 관계였다. 바이킹은 교역을 하면서 좋은 제품을 판매하는 정직하고 근면한 상인이라는 평을 얻었다. 용기와 확신, 전략은 상거래에서 이득을 얻게 해주었다. 훌륭한 아이디어와 확고한 가치관만 있어도 여정의 절반은 온 셈이다. 바이킹들은 뛰어난 이야기꾼이지만 사소한 잡담은 싫어했다. 이들은 생존을 위해 매우 실용적인 것들을 추구해야 했다.

이케아

바이킹 민족인 스웨덴의 세계적인 가구업체 이케아의 창업자 잉바르 캄프라드는 1953년에 최초의 이케아 매장을 열었다. 독창적인 디자인, 높은 품질, 저렴한 가격, 다양한 견해, 유머감각이 이케아의 콘셉을 구체화했다. 캄프라드는 대중교통을 이용하고 동네 할인점에서 전기제품을 구입하며, 32년 동안이나 같은 안락의자를 사용하고 있다.

스스로를 "취향이 없는 사람"

이케아는 33개국에 대형 가구매장을 230개 운영하였다. 2004/2005 회계연도에 이케아는 148억 유로의 매출을 올렸다. 캄프라드는 수십 년 전부터 가족과 함께 스위스에 살고 있다. 캄프라드는 스스로를 "취향이 없는 사람"이라고 말했다. 1926년 잉바르 캄프라드는 스웨덴에서 태어났다. 캄프라드는 1943년 직업학교를 졸업했는데 수학에서 최우수 성적을 거두었다. 그는 예테보리로 옮겨 2년 동안 상급상업학교를 다녔다.

1945년 상급상업학교를 졸업한 캄프라드는 삼림소유자협회 사무소에서 직원으로 직장생활을 시작했다. 1947년에는 직장을 옮겨 목재가옥을 생산하는 기업에서 일하기 시작했다. 캄프라드는 소규모 통신판매사업을 운영하였는데 납품을 받을 때 "먼저 그 이하의 가격을 제시해 보지도 않고 상대방이 제시한 가격을 덥석 받아들여서는 안 된다"는 것을 배우게 되었다. 그의 사업체는 의자를 주문받아 통신으로 판매하였다.

22세의 캄프라드는 1948년 첫 직원을 고용했다. 캄프라드는 자신의 사업이 오로지 저가 전략으로만 성공할 수 있다고 생각했다. 이케아는 특별히 저렴한 가격의 서랍장이나 다리미판을 광고하여 판매하였다. 캄프라드는 오랜 논의 끝에 그들의 제품을 전시하자는 아이디어를 생각해냈다. 그는 엘름홀트에 이케아 전시장을 세웠다. 그는 사무용품과 필기구의 통신판매를 포기하고 가구사업에만 집중하는 것이 좋다는 결론에 이르렀다.

무조건 다른 시도를 하라!

캄프라드의 원칙은 전단지로 고객들을 유혹하고, 그들이 가구점에 와서 가구를 만지고 열어볼 수 있게 한다는 것이다. 다음은 신용이었다. 이케아는 어떤 경우든 1년 동안 카탈로그의 가격을 보장하였다. 또 하나는 비용절감이었다. 저렴한 가격정책으로 나아갔다. 이케아는 스웨덴의 경쟁자들의 반대로 물량을 제조하는 것이 어려워졌다. 캄프라드는 폴란드에서 제품을 생산하는 돌파구를 마련하였다.

이 회사는 2003년 연매출이 110억 유로 이상이 되는 세계에서 가장 막강한 가구 기업으로 성장했다. 캄프라드는 이 회사의 최고 고문으로 남아 있다. 이케아 사람들은 넥타이를 매지도 않고, 양복 정장도 입지 않았다. 모두가 서로에게 친절하게 대하고 경칭을 사용하였다. 또한 무조건 절약하라는 명을 따랐다. 캄프라드는 "무조건 다른 시도를 하라!"고 강조하였다. '다르게'라는 것은 항상 출구가 있고, 문제에는 기회가 있다는 것이다.

통신판매와 가구전시장의 조합으로 판매량은 크게 증가하였으며 카탈로그 공급량은 1950년대 중반에 50만 부에 이르렀다. 캄프라드은 분해조립 방식을 점점 더 많은 가구에 적용해나갔다. 운송 중 파손되는 양을 줄이기 위해 각 부분을 나누어 운송하는 방법을 채택했다. 가구를 부분 포장하여 크기를 줄인 것은 조립식 가구 시스템의 진정한 위력이었다.

검약이 체질화되어

캄프라드는 검약이 체질화되어 있었다. 그는 폴란드 가구제조업체들과 협력하여 스웨덴에서 똑같은 의자를 생산할 때의 반도 안 되는 가격으로 제조가 가능하게 되었다. 캄프라드는 스웨덴의 전문가들을 파견하여 품질에 문제가 생기지 않도록 했다.

이케아 가구는 경쟁회사들의 유사한 제품 가격보다 1/3이상 저렴했다. 이케아는 경쟁제품들보다 더 높은 품질을 갖게 되었다. 폴란드 가구제조업체들과의 협력은 이케아에 결정적인 경쟁우위를 가져다 주었다. 1960년대말 이케아는 6개의 대형 가구매장을 통해 스칸디나비아 반도의 대표적 가구업체가 되었다.

이케아는 낮은 가격에 높은 매출을 전략으로 성장을 해왔다. 이케아는 '캐시-앤-캐리 시스템' 즉 슈퍼마켓 형태의 판매방식을 가구업계로 도입했다. 캄프라드는 자주적인 결정에 집착하는 사람이었다. 이케아의 상품들은 간소하고 자기만의 개성으로 가볍고, 자유스러운 생활방식을 표현했다. 이케아는 품질도 튼튼하였다. 캄프라드는 직원들에게 상당히 낮은 임금을 주었고 임원들도 평균 이하의 보수를 받았다. 캄프라드는 근검절약을 주장하였다.

밝고 자연스러운 색상의 가구

1974년 이케아는 뮌헨에 새 가구매장을 열었다. 값싼 가구는 이 시대에 알맞은 콘셉트였다. 이케아의 독일 매장은 큰 성공을 거두었다. 이케아 규모의 가구업체들이 기존 방식으로 운영하려면 약9천 명이 필요하였는데, 이케아는 판매시스템 덕분에 2천2백 명의 직원만으로 원활하였다.

이케아는 밝고 자연스러운 색상의 가구를 제공했다. 기존의 독일 가구매장은 교회 같은 분위기가 지배적이었다. 1975년에는 홍콩, 호주, 캐나다 등에서 프랜차이즈 매장이 문을 열었다. 캄프라드는 1970년대 후반 네덜란드에 재단을 설립하여 그의 지분을 재단으로 넘겼고 그는 재단 이사회의 의장을 맡았다.

1984년 이케아 패밀리라는 클럽을 만들어 회원들에게 정기적으로 특별할인판매를 실시했다. 1986년 이케아의 최고경영자로 35세의 안데르스 모베리를 선임하였고 캄프라드는 일선에서 한발 물러서서 일했다. 이케아 전체 매출의 40%가 독일에서 이루어졌다.

폴란드 제조업체들의 손실을 보상해

미국 최초의 이케아 가구점은 1985년에 개관했다. 처음에 미국 시장에서 고전을 하였는데 몇몇 제품을 미국에서 통할 수 있는 형태로 변화시켜 결국 성공했다. 유연한 대응이 이 회사의 강점이었다. 1973년의 석유파동 및 경제 변화에 의해 환율이 요동쳤고 폴란드 제조업체들은 손해를 보고 있었다. 캄프라드는 폴란드 제조업체들의 손실을 이케아 그룹에서 보상해주기로 결정했다. 협력업체가 손해를 보아서는 안 된다는 것이 캄프라드의 원칙이었다.

이케아는 자체적인 가구공장을 운영하기로 계획했다. 이는 기존 제조업체들과의 협력관계를 유지하면서 제품 공급의 유연성을 극대화하려는 것이었다. 1995년 이케아는 중국에 매장을 세우기로 결정했고 1998년에 매장이 개관되었다. 이케아는 빚을 지지 않는 회사였다. 중국인들의 생활이 좋아지면서 중산층이 증가하자 결국 이케아의 제품을 구입하게 되었다.

1999년 안데르스 달비그가 41세로 최고경영자로 취임했다. 달비그는 최고경영자로서는 상당히 빈약한 연봉인 22만 마르크를 받았다. 이케아는 러시아에 최초의 매장을 열었는데 세계 전체로 볼 때 157번째 매장이었다. 결국 러시아 15개 도시에 매장을 열었다. 러시아 중산층에게 이케아는 선호하는 쇼핑장소가 되었다.

제조업체들과 협력관계를 맺어

2001년 캄프라드는 전립선암을 앓고 있었다. 75세가 넘은 나이에도 그는 모든 시제품을 하나하나 직접 검사하고 있었다. 2004년 34세의 마티아스가 이케아 덴마크의 경영을 맡게 되었다. 캄프라드의 개인재산을 관리하는 이카노는 금융, 부동산, 자산관리, 보험, 소매업 등을 운영하고 있었는데 직원은 3천5백 명에 이르렀다.

이케아는 경쟁기업의 가격보다 더 싼 값에 공급하는 것을 원칙으로 했다. 이케아의 베스트셀러들은 철저하게 기획된 저가전략을 통해 탄생될 수 있었다. 가구를 가능한 한 작고 납작하게 만들어 운송비를 절약했고 다양한 품질의 가구를 공급했다. 이케아는 생산업체의 선정에서 성공했다. 제조업체들과 밀접한 협력관계를 맺어 장기간의 가격전략을 고수해 왔다. 낮은 가격에도 높은 수익을 올릴 수 있었다. 제품의 디자인이 매력적이었다. 이케아의 스타일은 자연스럽고 밝으며 단순하고 실용적이었다. 이케아는 광고에서 빈번한 가구 교환의 장점을 적극 홍보하였다. 이케아의 색깔은 파랑과 노랑이다. 이케아 레스토랑은 낮은 가격으로 음식을 제공하여 왔다.

이케아는 가구 판매에서 발생하는 작업량의 80%를 고객들이 스스로 처리하게 하였다. 고객들은 스스로 조립해야 하였다. 비결은 합리화에 있었다. 이케아의 판매 시스템은 전문 상담을 피하게 해주고 있는 것이다. 이케아 카탈로그는 가장 중요한 마케팅 도구이며 가장 효과적인 광고수단이었다. 1981년부터 이케아는 사무용 가구를 판매하기 시작했다. 또한 아이들을 위한 장난감과 가구를 출시했다. 2002년 취급 품목의 가짓수를 크게 줄여 1만7천 가지에서

1만 가지로 만들었다. 현재는 9천5백 가지이다.

철저함과 단순함

캄프라드의 지휘 스타일은 권위와 적응능력의 성공적인 배합으로 평가되었다. 2006년을 시작하는 시점에 세계 전역에서 9만 명의 직원들이 일하고 있었다. 이케아의 경영자들을 성직자와 비슷한 모습을 보였다. 성공에 기여한 캄프라드의 성격들에는 철저함과 단순함이 있었다. 그는 과도한 계획이 기업의 죽음을 초래하는 가장 빈번한 원인이라고 믿었다. 과도한 계획은 상황에 맞도록 유연하게 행동하는 자유를 앗아간다는 것이다.

캄프라드에게 단순함과 절약은 결합되어 있었다. 이케아 임원들은 비행기로 여행할 때 이코노미 좌석을 이용해야 하고 기차도 2등석을 탔다. 호텔도 저렴한 호텔을 이용하였다. 캄프라드도 낡은 볼보 승용차를 타고 다녔다. 그는 이케아에 자기 사무실이 없고 스위스의 이케아 매장의 관리층 사무실을 이용하고 있다. 이 세계적인 거부는 철저하게 할인품목을 찾아다닌다. 그의 절약정신과 겸손함은 특출났다. 그는 지역의 사교활동에도 전혀 참여하지 않았고 스스로를 보통 사람이라고 생각했다. 이케아에는 투자액의 절반을 현재의 기업구조를 개선하고 발전시키는 데 사용하고, 나머지 절반을 새로운 매장이나 시장을 개척하는 데 이용한다는 철칙이 있었다.

이케아의 고향 스웨덴에서 생산된 물건은 제품들 중 9%에 그쳤다. 이케아는 임금이 저렴한 곳을 활용하여 제조하는데 폴란드, 인도, 러시아, 브라질, 중국을 활용하여 왔다. 폴란드는 12%를 공급하고 약6천 명을 고용하고 있다. 이케아는 55개 국가에서 1천3백 개 이상의 공급업체와 협력하고 있다. 이케아의 환경과 노동에 관한 기준은 법적으로 규정되어 있는 것보다 더 엄격한 규칙을 적용하고 있다.

2004년 잉바르 캄프라드는 엄청난 부자로 대략 530억 미국 달러 이상을 소유하고 있다고 보도되었다. 1982년부터 이케아는 재단의 소유가 되었다. 인터이케아 시스템즈는 이케아 상표권 사용권을 판매하여 라이선스 비용으로 매출의 3%를 지불받고 있다. 동독의 한 협력업체가 제조한 가구에서 포름알데히드가 과다 검출되자 이케아는 해당업체의 생산을 곧바로 중단시키고 허용치 내에서 생산되도록 조치를 취했다. 숲이 파괴되지 않는 지역의 목재만을 가공하도록 한다는 규정을 만들었다. 산림보호단체들과 이케아는 좋은 관계를 유지하여 왔다. 이케아는 아동노동을 금지하는 단서를 달아 계약서를 작성했다. 이케아는 세계적인 성공을 거두었다. 2005년에만 4억1천만 명이 매장에서 가구를 구매했다. 훌륭한 디자인, 합리적인 가격, 완벽한 물류관리 등으로 낮은 가격과 적은 마진으로 막대한 수익을 올렸다. 캄프라드의 건전한 정신력은 모범 그 자체였다.

06

경영자의 지혜

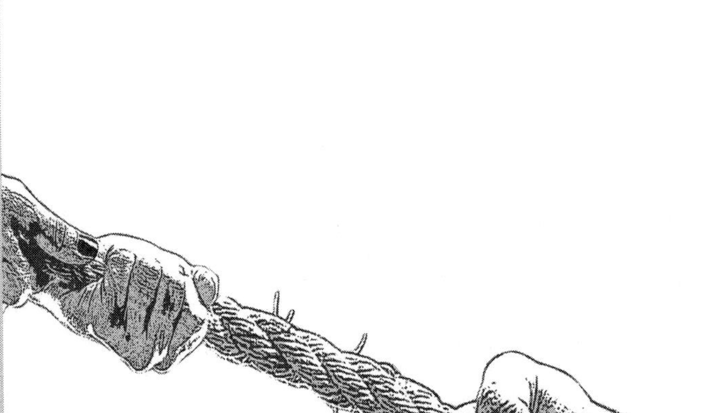

경영자의 지혜

기업에서 사람됨은 아주 중요한 조건이다. 직원들의 행동방식이 기업 경쟁력의 핵심요소인 것이다. 행동양식은 고객과의 지속적 관계에 중요하다. 요컨대 사람의 행동양식은 경쟁력에 직접 관련되고 이는 인간적 성품과도 연관된다. 필자는 에리크 알베르, 장-뤽 에메리, 마이클 맥길, 존 슬로컴, 로버트 스턴버그, 오브리 다니엘스 제임스 언더우드 등의 저서와 여러 자료를 통하여 경영자가 갖추어야 할 지혜에 대하여 알게 되었다.

일정에 쫓기는 경영자

경영자에게 지나친 의욕은 좋지 않다. 이는 현장과 자신의 거리를 좁혀버린다. 의욕이 앞서는 사람일수록 조언이나 비판을 잘못 받아들일 가능성이 높다고 한다. 효율성은 사태에 대해 적당한 거리를 취할 때 즉 여유를 가질 때 나온다는 것이다. 왈라스사는 1990년 10월 미국의 말콤 볼드리지 품질상을 수상하였다. 권위있는 상을 탄 이 회사의 경영자 왈라스는 유명인사가 되었고 강연일정에 쫓기게 되었다. 일정에 쫓기는 경영자는 여유가 없게 된다. 그 결과 이 회사는 2년이 지나지 않아 도산하게 되었고 법정관리로 들어갔다.

의욕이 높을 때 착각이 나타나는 경우가 있는데 자신이 최고의 인재라는 착각이요, 자신은 안전하다는 착각이다. 기술적인 문제의 약80%는 사람과 관련된 문제라고 한다. 경영자는 사람들에게 일을 시키는 법을 배워야 한다. 거기에는 인간을 이해하는 능력 즉 공감의 능력이 매우 필요하다.

경영자는 자기에 대한 확신이 있어야 하며 분명하게 표현하는 용기도 있어야 한다. 경영자의 가치는 한 발짝 거리를 두고 부하직원들이 더 큰 능률을 올릴 수 있도록 배려하는 데 있다. 경영자는 화를 내지 않고 "안 된다"라고 말할 수 있어야 한다. 그에는 단호함이 필요하다. 경영자의 역할에서 단호함은 단연 중심에 있다. 경영자는 결정권자이기 때문이다. 결정권자는 여유가 절대적으로 필요하다.

뛰어난 생존자들은 사실상 빠른 학습자들

경영자에게 반드시 필요한 것이 바로 자기 능력에 대한 확신이다. 자기 능력에 대한 확신은 정신적 여유가 있을 때에 나타난다. 경영자의 언행은 일관성이 있어야 의미가 있다. 시장에서 뛰어난 생존자들은 사실상 빠른 학습자들이었다.

학습을 통해 얻게 되는 능력 자체가 보상이며 동기부여 수단이 된다. 리더는 스스로 학습인이 되어야 한다. 최고 리더가 학습을 실천하지 않는다면 어떤 학습도 발생하지 않는다는 사실이다. 필자의 교육프로그램인 SR경쟁력프로그램에는 최고경영자의 참석이 반드시 요구되는데 이는 최고경영자가 먼저 변화되어야 임직원의 변화가 뒤따르기 때문이다. 직원들은 리더 본인이 하지 않으면서 주장하는 것은 신뢰하지 않으며 눈치만 볼 뿐 실천하지 않는다.

예일대 교수였던 로버트 스턴버그는 초등학교 시절에 영점에 가까운 IQ점수를 받았음에도 세계적인 학자로 명성을 떨쳤다. 그의 선생님이었던 알렉사 선생님은 IQ점수가 무엇인지도 몰랐고 스턴버그가 더 잘할 수 있다고 생각하여 더 많은 것을 요구했다. 스턴버그는 결국 전과목 A를 받은 학생이 되었고 그 후에도 계속 그 상태를 유지했다고 한다.

마태 효과

마태 효과란 "부유한 사람은 점점 부유해지고 가난한 사람은 점점 가난해진다"는 것을 말한다. 학습의 맛을 알게 되면 더욱 더 많은 학습이 이루어져 결국 마태 효과가 나타나게 된다는 사실이다. 지능이란 경험으로부터 배우는 능력이고 주위 환경에 적응하는 능력이다. 일상생활에서 문제를 해결해 나가는 능력은 IQ와는 별 상관관계가 없다고 한다.

스턴버그는 성공 지능은 분석적, 창조적, 실천적이라는 3측면이 있다고 말했다. 학교에서는 주로 분석적 능력을 강조하지만 인생에서는 창조적 능력과 실천적 능력이 더욱 중요하다는 것이다. 성공한 기업은 계속적인 교육을 강조한다. 이들 기업은 평생교육을 하면서 유용한 기술과 능력의 개발을 강조한다. 즉, 실천적 지능을 높이 평가하는 것이다.

남의 평가에 의해 좌우되지 않는 자부심

앤드루 로이드 웨버는 가장 부유하고 잘 알려진 작곡가인데 고전 음악의 세계에서 그는 엘리트 축에 끼지도 못한다. 그는 성공 지능을 가지고 있었다. 성공 지능을 가진 사람은 자신의 분야에서 전력투구를 하는 특징이 있고, 실용적 경향이 강하여 남의 평가에 그리 신경을 쓰지 않는다. 자기의 가치가 남의 평가에 의해 좌우되지 않는다는 강한 자부심이 있기 때문이다.

프랑스의 인류학자인 클로드 레비-스트로스는 "인간의 마음은 어느 문화권에서나 본질적으로 동일한 방식으로 기능한다"는 주장을 했다. 성공 지능을 가진 사람은 특정 생각을 집착하지 않고 융통성 있게 실용적인 방법을 추구한다. 실용적인 가치를 존중하는 것은 '최고'보다는 '만족스러운 선택안'을 결정한다는 것이다. 실용적 지혜란 최고보다는 약간 양보하는 것을 의미한다.

분석적 지능은 성공지능의 한 가지이지만 가장 중요한 지능은 아니다. 창조성은 새로운 아이디어를 만들어내는 능력이라고 정의할 수 있다. 창조성은 분석적 지능, 실천적 지능을 결합해야 한다. 어느 미국 학교의 수업에서 교사가 아이들에게 누가 미국 대륙을 발견하였느냐고 물었다. 한 아이가 일어서서 "인디언이오"라고 대답했다. 교사는 "크리스토퍼 콜럼버스"라고 시정해 주었다. "인디언"이라는 대답이 틀린 것은 아니며 이는 창조적인 생각의 하나가 될 수 있다. 어느 한쪽으로만 보아야 하는 것은 경직되고 편협된 견해가 된다. 다른 면에서 생각하는 것이 바로 창조성의 원천이 될 수 있다.

애매모호한 상태를 참고 견딜 줄 안다

창조적인 작가들은 애매모호한 상태를 참고 견딜 줄 안다. '애매모호한 상태'를 뚫고 서서히 모습을 드러내게 하는 것이 예술가의 작업이다. 작가가 한 작품을 시작할 때는 모든 것이 모호하고 결말이 불투명한데 이러한 모호와 불투명함을 참고 꿋꿋이 나아가는 열정이 있어야 작품은 탄생된다. 이 과정에 필요한 것이 창조적 지능인 것이다.

소설가 로버트 펜 워렌은 "내가 강조하고 싶은 것은 불확정의 상태에서 일을 꾸려나갔다는 것이다"라고 말했다. 애매모호함은 사람을 불편하게 하고 불안감을 조성하는데 창조적 잠재력을 최대한 활용하려면 이러한 불편을 참고 견디는 능력이 있어야 한다. 창조적 지능은 인내력이 필수적이다.

실천적 지능은 실생활의 문제를 해결하게 해준다. 우수한 관리자는 전문적인 지식을 충분히 갖추고 있었고 그것이 성공과 관련이 있었다. 적응능력의 배양은 실천적 지능에 필수적이다. 실천적 지능을 분석적, 창조적 지능과 결합시킬 수 있는 사람은 가장 큰 성공을 거둘 수 있다.

자신의 충동을 제어하는 능력

성공 지능을 가진 사람들은 공통점이 있다. 그들은 자기 자신에게 동기를 부여한다. 동기부여는 지적 능력 못지않게 성공에 필수적이다. 공부 자체를 재미있어 하는 아이는 학습동기가 꾸준히 유지된다는 사실이다. 지도자는 자기 스스로 동기를 부여하고 또 자기가 하는 일을 사랑하는 사람이다. 시카고 대학의 지능이론가인 서스턴은 "지적인 사람의 특징은 자신의 충동을 제어하는 능력"이라고 주장하였다.

성공 지능을 가진 사람은 참고 견디어야 할 때를 안다. 이들의 공통적인 특징은 끈기이다. 성공 지능을 가진 사람은 목표달성을 위한 집중력이 뛰어난 사람이다. 그는 분석적, 창조적, 실천적 사고방식을 종합한다. 분석적이어야 할 때, 창조적이어야 할 때, 실천적이어야 할 때를 구분하여 활용해야 성공적인 인생을 살 수 있다.

실용 지능은 성공 지능의 다른 표현으로 '상식'이라고 하며 환경에 적응하고 환경을 선택하며 변화시키는 능력이다. 전문적 기술은 지식에 바탕을 두고 있다. 전문가들은 어떤 영역에 대해 많은 것을 아는 사람들이다. 체스 선수와 초심자를 가르고 그랜드 마스터와 다른 선수를 가르는 것은 전반적인 기억능력이 아니라 지식베이스의 조직화와 그 범위였다고 한다. 체스 선수가 되려면 3,000시간가량의 플레이가 필요하고, 체스 마스터가 되려면 30,000시간가량의 플레이가 필요하다고 추산되었다.

1981년에 노벨생리의학상을 받은 로저 스페리는 언어적 기능은 주로 두뇌의 왼쪽 반구에서, 자극을 전체적으로 처리하는 것은 오른쪽 반구에서 담당한다는 것을 주장하였다. 사회에서는 인간 행동이 성공을 좌우하는 열쇠이다. 모든 비즈니스의 핵심에는 인간 행동이 관련된다. 모든 조직의 가장 중요한 요소는 사람들이기 때문이다.

내부의 경쟁은 오히려 많은 역효과

훌륭한 기업은 시장의 요구를 만족시키기 위해 끊임없는 경각심으로 노력한다. 모든 조직 성과는 행동에 달려 있다. 품질이나 생산성, 창의력을 향상시키려 할 때는 직원들의 행동이 바꾸어져야 한다. 비즈니스에 중요한 것은 행동이다. 품질경영 주창자인 에드워즈 데밍은 "경험은 우리에게 아무 것도 가르쳐 주지 않는다"라고 말했다. 반면, 과학적 지식은 특별히 노력을 해야만 얻을 수 있다. 요컨대 행동을 하려면 학습을 통하여 그 이유를 아는 것이 중요하다.

조직에서 팀 내부의 경쟁은 오히려 많은 역효과를 초래한다. 다른 경쟁사와 경쟁을 벌여야지 내부에서 싸워서는 안 된다는 것이다. 기업에서 실적이 좋지 않는 직원들에게 대부분의 관심을 기울이는 방식은 매우 비효과적이며 위험하다는 사실이다. 심리학자들은 등수를 매기는 방식은 직원들을 경쟁자로 만들기 때문에 절대로 사용해서는 안 된다고 한다.

연구에 의하면 기준에 도달한 사람을 모두 최고의 성과자로 만들어주는 기업이 성공한다고 한다. 작은 변화라도 알아차리도록 하는 것이 중요하다는 것이다. 피드백이 없으면 학습도 없다. 에드워즈 데밍 박사는 "사람들이 업무를 수행하는 데 필요한 피드백을 받지 못하거나 접근하지 못하는 슬픈 현실"을 지적하였다. 피드백 결여는 거의 모든 문제를 야기하였다.

에드워즈 데밍은 목표와 기준이 성과를 제한한다고 주장했다. 목표는 강화나 처벌을 위한 것이기 때문이다. 작은 변화라도 칭찬하고 목표를 도달했을 때 축하해주는 보상이 필요하다. 하버드 대학 심리학 교수 데이비드 맥클러랜드 박사는 "우리 사회에서 최고의 성과자는 바로 적당한 목표를 세운 사람"이라고 주장했다. 목표란 오직 최고를 향한 발전과정을 파악하는 기회로 사용될 때만 그 효과를 볼 수 있다는 것이다. 에드워즈 데밍 박사의 품질관리 방식은 적절하였다.

기업 문제의 90% 이상이 경영자에게 있다

대부분의 다운사이징을 통하여 감원을 한 기업의 자기자본이익률이 줄어들었다는 통계가 있다. 요컨대 인원을 감축하는 것은 매우 신중해야 한다는 것이다. 직원들이 제 능력을 발휘하도록 교육하고 훈련하는 것이 더 큰 효과가 있었다.

데밍은 모든 기업 문제의 90% 이상이 경영자에게 있다고 주장하였다. 필자가 최고경영자의 교육 참석을 강조하는 이유가 바로 거기에 있다. 최고경영자가 제대로 해야 다른 임직원들도 제대로 역할을 할 수 있기 때문이다. 작은 향상이 극적인 변화의 초석이 된다. 소수의 모범직원 제도는 좋지 않다는 연구결과가 있다. 서로 경쟁하는 입장이 되어서는 안 된다는 것이다. 다른 사람과 경쟁하는 것이 아니라 스스로의 능력 향상에 주력해야 한다. 능력 향상은 남과 비교해서가 아니라 자신의 잠재능력을 발휘하는 것이다.

경영자의 첫 번째 임무는 임직원의 능력을 향상시키고 제 역할을 하도록 격려하는 것이다. 기업은 직원들이 변화하고 새로운 것을 배우고 싶어하는 문화를 개발해야 한다. 연습이 유창함 교육의 열쇠이다. 기업들은 계속해서 직원들을 교육시켜야 한다. 반복은 창의성을 감소시킨다는 일반적 생각과는 달리, 반복에 의한 유창성은 오히려 창의성을 증가시킨다고 한다. 창의적 순간은 수 년 간에 걸쳐 기본자세를 연습한 결과이다.

맡은 일을 포기하지 않는 끈기

다카하라 게이치로는 1961년 일본에서 유니참을 설립하여 매출액 2조원이 넘는 아시아 최고의 위생용품 회사로 성장시켰다. 그는 61년 이후 하루도 거르지 않고 '살아 있는 현장'을 노트에 기록하였는데 한 권 한 권 쌓여 700권의 노트가 넘었다. 어떤 문제에 대한 해답을 찾고 싶을 때 그는 '현장 노트'를 펼쳤다. 다카하라의 특징 하나는 맡은 일을 포기하지 않는 끈기였다. 그는 평범한 것을 겹겹이 쌓아올리듯 반복하다보면 결국에는 비범한 경지에 오를 수 있다는 사실을 깨달았다. 이것이 현장에서 그가 체득한 진리였다.

최고경영자는 강직성이 중요하며 신뢰를 줄 수 있어야 한다. 강직성은 확신이며 일종의 고집이다. 경영자는 잘 되는 것을 끊임없이 강조하며 향상을 추구해야 한다. 자유방임으로 내버려두면 회사는 와해되기 마련이다. 변화없는 학습은 무의미하며 학습을 변화의 원동력으로 활용해야 한다. 성공한 회사들은 하나같이 학습을 중시하는 회사들이었다. 데밍은 "모든 기업 문제의 90% 이상이 경영자에게 있다"고 주장하였는데 이는 경영자가 지혜가 있어야 회사는 성장한다는 것이었다.

07

사회적 기업들

사회적 기업들

호텔그룹 JDV

칩 콘리는 세계에서 두 번째로 큰 부티크호텔 그룹 주아 드 비브르의 창립자 겸 최고경영자이다. 그는 독특한 컨셉의 호텔 트렌드인 부티크 호텔의 개척자이며 성공자로 평가받는다. 콘리는 자신의 경험을 저서를 통해 알려주었다. 그가 경영하는 호텔그룹을 JDV(Joie de Vivre Hospitality)라고 부른다. 그의 호텔 그룹의 주력 호텔들은 샌프란시스코 지역을 중심으로 운영되고 있다. 콘리는 26세에 창업해 15년간 일궈낸 모든 것이 날아가 버릴 수 있는 경지에 봉착했다. 전쟁, 사스, 경기둔화 등도 여행업계의 불황을 몰고 왔으며 9.11테러가 결정적이었다.

콘리는 투자은행인 모건스탠리에서 일하기도 하였고 부동산 개발 현장에서 몇 년을 일하기도 했다. 26세에 그는 부티크호텔이라는 개념을 시작하였다. 그는 심리학자 매슬로의 이념을 접하고는 기업경영에서 새로운 전기를 마련할 수 있었다. 매슬로는 "인간은 자신이 될 수 있는 인간이 되어야 한다. 그래야 자아실현이라는 욕구를 실현할 수 있다"라고 말했다.

당신은 자아실현의 길을 선택한거야

2001-2004년 동안 많은 호텔들은 불황으로 파산하거나 채무불이행에 빠졌다. 반면 콘리의 호텔은 시장점유율이 20% 상승하였고 2배의 매출 신장률을 기록했다. 연평균 직원 이직률은 업계 평균의 1/3수준이었다. 그 비결은 의미 있는 경영철학을 실천했기 때문이었다. 1987년 콘리는 26세의 나이로 샌프란시스코의 모텔 하나를 사들였고 그 호텔 '피닉스'를 로큰롤 호텔로 변신시키고자 했다. 당시 하버드대학 심리학 강사였던 티머시 리어리는 그에게 "당신은 자아실현의 길을 선택한거야"라고 말했다. 콘리는 49개가 넘는 호텔을 운영하면서 연간2억 달러의 매출을 올렸다.

콘리는 불황으로 위기에 처하게 되자 2001년4월부터 최고경영자인 자신의 월급 수령을 중단했다. 경영진들에게는 최소한 2년 간 10%를 덜 받도록 설득시켰고 월급제 직원들은 2년 이상 임금 동결을 받아들였다. 결과적으로 그는 3년 반을 월급 없이 생활하게 되었다. 호텔업계의 평균 이직률은 연75%였는데 콘리의 호텔은 25%선에 머물렀다. 콘리 호텔 그룹의 90%가 직원 만족도에서 업계 평균을 웃돌았다. 콘리의 호텔은 정규직원이 3년 근무하면 1개월의 유급휴가를 선물하였다. 호텔은 문을 닫는 일이 연중 없기에 유급휴가는 큰 효과가 있었다. 그의 호텔 그룹은 종업원들이 2,500명이 되었다.

콘리는 부서장이 모이는 주간경영회의 종료방식을 바꾸어, 회의 말미에 참석자들 모두가 특별히 노고를 알리고 싶은 직원이 있다면 누구이며, 그 칭찬의 이유가 무엇인지 1분 정도 발언할 기회를 주었다. 콘리의 호텔은 장시간 헌신한 직원에게는 본인과 가족에게 감사를 표시하는 마련을 하였다. 또한 직원 휴가 시에 치하 차원에서 수표를 선사하였다. 특별히 축하해야 할 직원을 매일 두 명씩 정해 메모해놓고 출퇴근 시간을 활용해 직원에게 전화를 하여 한 일에 대해 구체적으로 언급하면서 격려와 칭찬을 하였다. 그의 호텔 연말 파티는 매우 즐겁게 마련되고 7개 부문에 최우수 성과자 시상식도 마련되었다.

강력한 가치관이 뒷받침하고

콘리가 실행한 호텔의 혁신은 가장 즐겁게 도발적인 호텔을 만들기 위한 원칙을 창안한 것이었다. 그의 호텔은 전국호텔상을 여러 번 수상하였는데 독특한 디자인과 독특한 고객 체험이 있었기에 가능한 것이었다. 그는 호텔 맞춤 추천방식을 도입하였고 이는 콘리의 호텔 홈페이지를 통해 예약을 높이는 결과를 만들었다.

콘리는 개성 있는 랜드마크를 창조하는 것을 호텔의 목표로 삼았다. 콘리가 개점한 비탈리 호텔은 객실 점유율 부문에서 럭셔리 호텔 시장의 최고봉에 등극하였다. 콘리 호텔이 투자한 '가부키 스프링스앤스파'는 연간 7만 명의 고객을 맞고 있으며 어떤 스파보다도

손님이 많았다. 호텔 역사상 최대의 불황에서 살아남은 콘리의 호텔에는 강력한 가치관이 뒷받침하고 있었다. 이는 그가 끊임없이 고객을 위해 직원들을 위해 정신적 긴장감을 늦추지 않았기 때문이었다. 그가 경영인으로 살아온 20년 동안 그는 인간성에 대해 많은 공부를 할 수 있었다고 한다.

코스트코

조사에 의하면 S&P500 기업들보다 사회적 기업으로 명성을 얻은 기업들이 월등한 수익력을 보여주었으며 높은 성장률을 이룩하였다는 사실이 드러났다. 우수한 사회적 기업들을 연구한 라젠드라 시소디어와 잭디시 세스는 기업이 정신력과 실력을 갖추고 사회에 기여할 때 더 뛰어난 수익과 유익한 결과를 거둘 수 있음을 그의 저서를 통하여 입증하였다.

우수한 사회적 기업들의 공통된 특징은 인간주의적 정신을 갖고 있으며 그 영혼에서부터 서비스를 제공하려는 의지가 나온다는 것이다. 사회적 기업들은 모든 이해당사자의 상호이득의 관점에서 운용되었다. 이들 기업들은 종업원들을 잘 대하여 주고, 공급업체에게 더 많은 이익을 가져다 주고, 고객에게 더 많은 가치를 제공하며, 지역사회에 더 많은 것을 주었다.

세계적인 할인업체들이 견디지 못하고 철수

한국에서 영업하던 세계적인 할인업체 월마트는 실적이 신통치 않자 철수 하였다. 프랑스의 세계적 할인업체인 카르푸도 마찬가지로 한국에서 철수했다. 그럼에도 할인업체인 코스트코는 최근에도 경기도 광명시에 새로운 점포를 개설하였고 성업 중에 있다는 사실이다. 한국의 토종 할인업체들의 강력한 경쟁력에 세계적인 할인업체들이 견디지 못하고 철수하는 상황에서 코스트코가 뛰어난 경쟁력을 발휘하는 데는 그 이유가 있었다는 사실이다.

코스트코는 직원들에게 월마트보다 약65%의 급여를 더 주고, 샘스클럽에 비해서 40% 더 주고 있다. 직원복리후생제도는 코스트코가 월마트나 샘스클럽보다 훨씬 잘 되어 있다. 코스트코의 직원1인당 수익률은 샘스클럽보다 훨씬 높으며 훨씬 효율적이었다. 샘스클럽의 직원 첫 해 이직률은 21%이고 월마트는 50%인데 코스트코는 6%에 불과하였다.

2006년 중반, 코스트코의 주식 가격은 지난 2년간 40%가 올랐는데 같은 기간에 월마트의 주식은 10% 떨어졌다. 코스트코는 직원의 80%가 의료보험료 지원을 받으며 직원부담금은 8%에 불과하였다. 코스트코의 직원 절도율은 유통업계 평균의 1/10밖에 안 되었다. 연매출 590억 달러의 코스트코의 공동창립자이며 최고경영자인 제임스 시네갈은 주식시장 애널리스트들로부터 "최고경영자의 연봉이 너무 적은 데 비해 직원의 연봉이 너무 많다"는 비난을 들어왔다.

검소하고 겸손한 봉급을 받는 최고경영자

코스트코의 최고경영자 시네갈의 봉급은 35만 달러, 보너스는 20만 달러로 연간 총액은 55만 달러였다. S&P500 기업들의 최고경영자 평균연봉은 2005년 1,175만 달러였다. 고객들은 자신들이 거래를 통해 코스트코에 주는 이익이 엄청난 최고경영자의 봉급을 주는 데 사용된다는 염려를 할 필요가 없었다. 검소하고 겸손한 봉급을 받는 최고경영자가 경영하는 코스트코를 신뢰할 수밖에 없는 것이다.

코스트코는 마진을 15%로 제한하였다. 코스트코에 납품하는 상품의 납품가격이 인하되면 코스트코는 판매가격을 그에 맞추어 인하하여 판매하였다. 납품가격이 인하되면 그 이익을 소비자에게 돌려준다는 원칙을 철저히 지킨다는 것이다. 고객들은 코스트코의 정직하고 원칙에 충실한 가격 정책에 무한한 신뢰감을 갖게 되었다. 고객들은 바가지 쓸 걱정을 조금도 할 필요가 없다는 것이다.

존경과 신뢰를 받는 기업

코스트코 고객들은 환불하는 데 어려움이 없었다. 영수증도 필요없고 기간 제한도 없었다. 다만 6개월 유예기간이 필요한 컴퓨터만은 예외였다. 코스트코에는 9만2천 명의 직원들이 있었다. 코스트코는 허식을 제거하고 비용을 낮추기 위해 노력하였다. 최고경영자 짐 시네갈은 "코스트코는 낮은 가격에 더 좋은 가치를 제공할 수 있다. 우리는 매우 낮은 비용으로 빈틈없는 경영을 한다"라고 말했다.

코스트코의 매장 매니저는 평균 근무기간이 15년이다. 전미소매업협회에 따르면 코스트코의 이직률은 소매업계 평균의 1/3에 불과하다. 2002년 코스트코의 이익이 일시적으로 하락했을 때 최고경영자 시네갈은 가격을 올리거나 인건비를 줄여 수익을 높이라는 월스트리트의 압력에 굴복하지 않았다. 시네갈은 "훌륭한 직원을 고용해 훌륭한 일을 주고 훌륭한 보수를 주면 훌륭한 결과과 나타난다"고 대답하였다. 결국 코스트코는 수익을 제대로 내게 되었다. 1992년에 코스트코 주식에 투자한 10,000달러는 10년 후 43,500달러가 되었다.

고객만족도 조사에서 코스트코는 2004년 100점 만점에 79점, 샘스클럽은 75점, 월마트는 73점이었다. 코스트코는 매장당 평균 1억 2천만 달러를 버는데 평균 7천만 달러인 샘스클럽보다 훨씬 높았다. 사회적 기업이란 그 사회로부터 존경과 신뢰를 받는 기업인데 코스트코는 할인업체들 중에서 단연 그 점에서 모범을 보여 왔다.

뉴발란스

사회적 기업으로 명성을 얻은 기업인 뉴발란스는 운동화 제조회사이다. 뉴발란스의 최고경영자 짐 데이비스는 직원들에게 정보를 공개하여 그들을 신뢰한다는 것을 표현하였고, 저렴한 인건비에 의존한 경쟁기업들보다 더 생산적임을 보여주었다. 뉴발란스는 미국과 영국에서 제품을 생산하는데 저임금 국가를 이용하지 않는 자신감을 보였다. 이 회사는 낮은 이직률과 높은 생산성을 자랑한다.

저렴한 인건비에 의존한 기업들보다 더 생산적

뉴발란스는 발의 편안함과 치료를 중시하여 적절한 착용감을 추구하였다. 나이키는 운동화 시장을 경쟁의 시각으로 바라보는데 뉴발란스는 다른 식으로 바라보았다. 뉴발란스는 착용감과 기능을 중시하였다. 나이키, 리복, 아디다스는 매출 감소를 겪었는데 뉴발란스는 매출과 시장점유율이 증가하였다.

뉴발란스의 공동소유자이자 최고경영자인 짐 데이비스는 딜러들과 경쟁하지 않기로 결정하였고 개인 소비자들에게 직접 팔지 않았다. 뉴발란스는 소매업체에 경쟁자들보다 훨씬 빨리 제품을 공급할 수 있었다. 뉴발란스는 소비자들의 필요에 더욱 빠르게 반응하였다. 이들은 중국 공장의 저임금을 이용하지 않아도 이익을 낼 수 있었다. 인건비가 높아도 경영을 제대로 하면 이익을 낼 수 있다는 증거였다. 사회적 기업이란 단지 이익만을 추구하지 않으며 사회에 기여하고 건전한 기업활동으로 적정 이윤을 통하여 성장하는 기업이다.

홀푸드마켓

우수한 사회적 기업 홀푸드마켓은 지난 3년간 주가는 185%, 5년간 400%가 올랐다. S&P500기업들은 단지 13% 상승에 그쳤다. 짐 콜린스가 1,435개 기업 중 '위대한 기업'으로 선정한 크로거는 2005년 중반 주식가격은 1999년의 45%였다. 기업 가치가 반쪽으로 추락한 것이었다. 비즈니스에서의 성공이란 단지 매출이 많고 이익이 많은 것을 의미하는 것이 아니다. 성공이란 문제를 해결하고 삶의 질을 향상시키는 데에 공헌함으로써 사회 가치를 더하는 데에 있는 것이다. 이러한 견해는 많은 사례에서 옳다는 것이 입증되었다.

사회적 기업은 이윤을 추구하지만 이윤 극대화를 추구하지 않는다. 종업원이 3만9천 명쯤 되는 홀푸드마켓은 1980년 텍사스주에서 작은 가게로 시작되었다. 이 회사는 지금 200여 개의 가게가 있는 세계적인 천연유기농식품 소매회사가 되었다. 홀푸드마켓은 순이익률, 매출증가율, 매장단위 판매량 등에서 미국 최고이다.

숭고한 목적에 충실하면 이익이 창출된다

홀푸드마켓의 창립자이며 최고경영자인 존 매키는 매슬로의 이론을 경영에 적용한 것으로 유명하였다. 그는 '최고경영자의 월급은 상근직원 평균 월급의 19배를 넘지 못하는 규정'을 적용하였다. 평균적으로 일반 직원의 170배 정도를 받는 대형 기업의 최고경영자들과는 대조적이었다.

싸이프레스의 설립자이며 최고경영자인 로저스는 홀푸드마켓의 최고경영자 존 매키를 비웃었다. 매키는 홀푸드를 27년 동안 운영하면서 대단한 성공을 거두었다. 홀푸드마켓의 매키는 4만5천 달러의 자본으로 시작해서 3만6천 명의 종업원과 50억 달러 이상의 연간매출, 80억 달러 이상의 시장가치를 지닌 기업으로 만들었다. 반면, 싸이프레스는 23년의 역사 동안 이익을 내지 못하였고 대차대조표에 4억8천만 달러의 마이너스를 보이고 있었다. 존 매키는 각각의 이해당사자들을 만족시키는 것은 수단이 아니라 궁극적인 목적이라고 생각하였다. 사회적 기업은 이해당사자들을 만족시키는 것이 궁극적 목적이므로 이익을 최우선으로 추구하지 않는다. 그럼에도 숭고한 목적에 충실하면 이익이 창출된다는 사실이 경이로운 것이다.

허만 밀러

우수한 사회적 기업 허만 밀러사는 창업자 디제이 데프리, 아들 휴와 맥스가 70년간 회사를 운영해왔다. 1923년 데프리는 장인 허만 밀러가 대준 돈으로 회사를 창업했다. 데프리 집안의 사람들은 모두 교회에 다녔다. 허만 밀러는 "모든 개인은 존중받으며 독특하고 특별하다는 생각이야말로 허만 밀러의 핵심가치다"라고 선언했다. 허만 밀러의 모든 것들이 이 가치로부터 나왔다.

허만 밀러의 종업원 파트너십은 데프리 시절부터 시작되어 1950년 스캔론 계획을 채택했다. 이는 회사와 노동자가 경영권, 이윤, 지식을 공유하도록 하는 것이었다. 이 회사는 성실성과 신뢰성, 경영지식, 지속적인 학습, 관계구축 등의 가치를 추구하였다.

허만 밀러는 불황으로 대량해고가 불가피하게 되자 퇴직 및 전직 서비스에 3,050만 달러를 지출하였다. 이는 경쟁사에 비해 2배나 되는 것이었다. 회사는 퇴직자들을 위하여 최선을 다하였다. 최고경영자 볼크마는 기본연봉 50만 달러를 받았다. 같은 규모의 회사

최고경영자들에 비하면 매우 겸손한 봉급이었다. 최고경영자에게 많은 봉급을 주는 대신 이 회사는 많은 돈을 연구개발에 투자하여 왔다. 그 결과 회사는 더욱 가치가 높아졌고 좋은 회사로 이름을 떨치게 되었다, 사회적 기업은 최고경영자나 대주주의 이기적인 목적에 기여하는 기업이 아니라 가치를 높여 사회에 기여하는 기업이다.

웨그먼스 푸드마켓

우수한 사회적 기업 웨그먼스 푸드마켓의 철학은 "공동의 목표를 향해 즐겁게 일하면 무엇이든 성취할 수 있다"이다. 이 회사는 식품 사업을 하는데 업계 평균보다 2만 종이나 더 많은 제품을 판매하고 있으며, 매장에는 놀이터가 있고 레스토랑을 갖추어 최상의 쇼핑 조건을 마련하였다.

이 회사는 업계 평균을 훨씬 상회하는 급여, 의료보험, 은퇴계획을 운영하며 직원 교육에 특히 관심이 많았다. 이 회사 이직률은 연간6%였는데 업계 평균은 파트타임이 100%, 정규직이 20%를 넘었다. 웨그먼스의 직접 노동비용은 매출의 15-17%였는데 경쟁업체들은 12% 정도였다.

우수한 사회적 기업에 대비되는 기업들은 기업 실적이나 가치를 창조하는 점에서도 뚜렷한 특징들을 보여주었다. 엔론, 월드컴과 같은 회사들을 무너뜨린 것은 오만과 탐욕, 부패였다. 엔론의 최고경영자 케네스 레이는 교회의 신자였다. 월드컴의 최고경영자 버나드 에버스는 110억 달러의 회계부정에서 주역을 맡았었는데 교회 집사 및 주일학교 교사였다.

GM의 구매담당 총책임자였던 호세 로페즈 데 아리오쿠아는 구매비용을 92년에 20억 달러, 93년에 20억 달러, 총40억 달러를 절약하면서 이름을 날렸다. 로페즈는 공급업체와 계약을 재개할 때 새로운 가격인하를 일방적으로 요구하였다. 로페즈의 구매방식은 거래라고 할 수 없었다. 그러니 금융 위기가 닥쳤을 때 GM은 혼란의 와중에 빠졌고 회사는 생사 갈림길에서 갈피를 잡지 못했다.

사회적인 목적을 위한 법인만이 허용

최초의 기업은 공공의 목적을 위해 설립되었다. 근대적인 형태를 띤 회사의 기원은 1844년이었다. 영국의 법령은 회사에 대한 통제권을 정부에서 법원으로 넘겼고 일반 회사들이 생기기 시작하였다. 이전에는 사회적인 목적을 위한 법인만이 허용되었다. 요컨대 기업들이 사회에서 활동하는 것은 사회적 이익을 증대시키기 위한 것이었지 일부 사람들의 탐욕을 채우도록 하기 위한 것이 아니었다. 기업이 사회적 기업이 되는 것은 이상한 것이 아니라 본래 그러해야 하였다는 것이다.

극작가 조지 버나드 쇼는 "이성적인 사람은 자신을 세상에 적응시킨다. 비이성적인 사람은 고집스럽게 세상을 자신한테 적응시키려 한다. 그래서 모든 진보는 비이성적인 사람의 손에 달려 있다"라고 말했다. 대부분의 사회적 기업가들은 어떤 관점에서는 비이성적이라는 것이다. 비이성적이고 탐욕적인 사람이 가득한 사회에서 정상적인 사람들은 비이성적인 사람으로 보여진다는 점이다.

기업이 실적보다 가치를 추구할 때 훨씬 더 건건한 수익성을 유지한다는 사실은 강력한 역설이다. 프로이트는 성공한 삶을 '사랑과 일'로 이루어진 삶이라고 정의하였는데 이는 기업 경영자가 유념해야 할 개념이다. 회사 내의 임직원들이 우수한 성과를 내는 것이 이에 관련되기 때문이다.

단기적인 사고는 미숙한 기업의 특징

연구에 의하면 단기적인 사고는 미숙한 기업의 특징이고 성숙한 기업의 특징은 장기적인 사고였다. 단기적인 사고의 특징은 목표획득에 고착하는 현상이다. 이는 하나의 표적에만 집중하는 현상을 말한다. 과도한 공격성과 목표고착은 과도한 긴장을 초래하여 큰 위험과 갈등을 발생시킬 가능성이 높다.

지나친 경쟁은 기업의 저력을 소진시킨다. 우수한 기업은 개인들이 긍정적이고 활기찬 감정을 느끼며, 각자의 장점을 최대한 발휘하는 기업이다. 우수한 경영자는 직원들의 두려움을 예방하고 창조적인 변화를 이끌어내며 자신의 능력을 발휘하여 사회에 기여하는 일을 하게 하는 사람이다.

사회적 기업과 서번트 리더십

1970년대에 로버트 그린리프는 '서번트 리더십'이라는 개념을 정립하였다. 그린리프는 1990년에 세상을 떠났다. 그는 AT&T에 38년간 근무하였는데 1964년 은퇴할 때의 직위는 부회장이었다. 그린리프는 대학에서 노동사회학이란 강의를 노교수에게 들었는데 노교수의 지혜에서 감동을 받았다. 그는 지혜와 지식의 차이를 깨달았다. 지혜는 실생활과 밀접한 관련을 맺고 있다는 것이다.

그린리프는 대학을 졸업하고 AT&T에 입사하였는데 처음에는 선로건설요원으로 임명되어 전주 구멍을 파고 연장을 운반하는 막노동 일을 했다. 1년 쯤 되었을 때 그는 클리블랜드 지사의 교육원에서 현장 직원들의 회합을 이끄는 직책을 맡았다. 이는 관리교육 프로그램이었다. 다음해 그린리프는 현장직원의 교육파트의 책임자가 되었고 뉴욕 본사로 발령을 받아 그곳에서 35년간을 근무하였다.

이해심과 맑은 정신으로 섬기는 자세를

'서번트 리더십'이란 개념은 그린리프의 경험에서 나온 것이다. "지도자는 이해심과 맑은 정신으로 최선을 다해 섬기는 자세를 보여야 할 것이며, 추종자는 앞에서 끌어주는 유능한 서번트에게만 응답할 것이다"라는 것이 그린리프의 철학이었다. 대학에서 오스카 헤밍 교수의 강의를 듣고 감동을 받아 삶의 행로를 바꾸게 된 것이다.

그린리프의 '지도자로서의 서번트'라는 개념은 헤르만 헤세의 '동방순례'를 읽으면서 불현듯 떠오른 생각이었다. 주인공 레오는 여행단의 잡일을 도맡아 처리하는 서번트로서 일하지만 여행단이 지치고 힘들어하면 노래를 불러 활기를 불어 넣어주었다. 서번트로만 알던 레오가 실제로는 우두머리이자 정신적 지도자라는 것이었다.

그린리프는 "서번트가 지도자로 나서야 한다"고 주장하였는데 이는 서번트 리더만이 진정한 지도자라는 것이었다. 그에게는 섬김과 지도력이 직관에서 비롯한 개념이었고 리더십의 본질은 나아갈 방향을 제시하며 앞에서 끌어가는 능력이었다. 그린리프는 "서번트이든 리더이든 한걸음 뒤로 물러서는 느긋함을 갖는 것이 중요하다. 뒤로 물러서서 방향을 다시 잡는 기술을 터득해야 한다"라고 말했다. 이는 현장에서 열심히 일만하는 사람은 지도자가 될 수 없다는 것이다. 지도자는 스스로 정신력과 실력을 충분히 길러서 남에게 베풀 수 있는 여유가 있어야 하기 때문이다.

자신의 능력에 확신을 가져야

그린리프는 "지도자는 자신의 능력에 확신을 가져야 한다. 지도자는 창의적이어야 한다"라고 주장하였다. 그린리프에 의하면, 18세기 중반에 살았던 퀘이커교도인 존 울먼은 거의 혼자 힘으로 프렌드회에서 노예제를 척결한 사람이었다. 18세기의 퀘이커교도들은 대부분 부자여서 노예를 소유했다. 1770년이 되었을 때, 울먼의 집요한 설득으로 노예를 포기하였고 30년 동안 울먼의 조용한 노력으로 노예제는 없어졌다. 확신을 갖고 실천에 옮겼던 노력의 결과였다.

그린리프는 "조용히 서서 기다리는 사람만이 섬길 수 있다"라고 쓴 존 밀턴의 말을 좋아했다. "조용히 서서 기다린다"는 의미는 내공을 쌓는 것 즉 정신력과 실력을 쌓는 자만이 가능한 것이었다. 서번트 리더는 세상의 문제를 남의 탓이 아닌 내 탓으로 여기고 자기 자신부터 되돌아보는 지도자인 것이다.

17세기 조지 폭스(1624-1691, 퀘이커교의 창시자)가 퀘이커교도 사업가들에게 새로운 기업윤리관(진실성, 신뢰성, 고정가격)를 심어주었다. 실제로 당시 퀘이커교도들은 믿을 수 있는 사람이란 대중의 인식 덕분에 막대한 이윤을 냈다. 그린리프는 "일상적인 업무만을 관할하는 경영자로서가 아니라 기업 자체를 만들어가는 데 더 많은 시간과 노력을 투자하라! 이것이 장기적인 성장으로 나아가는 첫걸음이다"라고 강조하였다. 이는 타성적인 업무에서 벗어나 자율성을 가진 기업으로 키우는 데 목표를 두어야 한다는 것이었다. "능력의 크기를 떠나서 서로를 섬겨야 한다"고 그린리프는 말하였다. 이는 대기업이든 중소기업이든, 경영자이든 직원이든 사회에 기여하는 존재가 되어야 함을 의미하였다.

바디샵

아니타 로딕은 영국에서 출발한 미용기업 바디샵의 창업자이다. 그녀는 1942년 영국의 이탈리아 이민 가정에서 태어났다. 1976년에 바디샵을 시작하였고 많은 상을 수상하였다. 여성으로서 기업가로서 그가 탁월한 성적을 거둔 것은 경영학 기법이나 전략이나 풍부한 자금이나 정부의 지원 때문이 아니었다. 그녀는 자신의 성공 이면에 있는 사실들을 저서를 통해 공개하였다. 1987년 영국산업연맹은 바디샵을 올해의 기업으로 선정했다. 아니타 로딕은 끊임없이 창업자의 역할을 재창조해야 하였는데 열정이 그녀의 안내자였다.

탐욕심은 가치 있는 것들을 파괴할 수

아니타 로딕은 "비즈니스 세계의 큰 문제 하나는 욕심을 문화적으로 받아들이게 되었다는 사실이다. 탐욕심은 가치 있는 것들을 파괴할 수 있다"라고 말했다. 그녀는 기업의 탐욕심에 저항했다. 그녀는 기업을 창업하고 경영하면서 기업이 도덕적 리더십을 가지는 것이 중요하다고 생각하였다. 문제는 리더들 중 많은 이들이 이 새로운 책임을 받아들일 준비가 되어 있지 않다는 점이었다.

그녀에게 영성은 종교와는 아무 상관이 없는 것이며 인생은 신성하며 경외심을 불러일으킨다는 것을 의미하였다. 그녀는 퀘이커교도들이 성공적으로 비즈니스를 하면서도 품위와 책임감을 잃지 않았다는 사실을 알고 있었다. 아니타 로딕은 검소함은 비즈니스를 위해 좋은 것임을 확신했다.

그녀는 남다른 비즈니스를 추구하였다. 처음에 아니타와 그녀의 남편 로딕은 한 건물을 임차해서 숙박소를 운영하기 시작하였다. 사업이 번창하기 시작했는데 호텔 경영에서 성공하였으나 식당업에는 크게 실패했다. 그녀와 남편은 사업에 실패했다는 것을 인정하고 3년간 운영했던 호텔과 식당을 처분하고 나서 다른 사업을 모색했다. 아니타는 약전이란 약전은 거의 다 읽었다. 그녀는 자연 성분으로 만든 화장품을 리필할 수 있는 용기에 담아 여러 가지 규격으로 파는 가게를 하려고 했고 남편 고든 로딕은 동의했다. 1976년 3월 바디샵은 영국 브라이튼에 처음 문을 열었다.

기업가 정신을 추진하는 힘은 집념

아니타는 "기업가 정신을 추진하는 힘은 집념이다"라고 말했다. 기업가로서 그녀가 가장 힘들었던 일 하나는 사색하고 기다리는 일이었다. 이민자로서 그녀는 반드시 성공하겠다는 집념이 있었다. 그녀는 결혼 전에 사범대학에서 공부하였는데 교육학 논문을 위해 키부츠의 아이들을 연구할 수 있도록 장학금을 받았다. 그녀는 키부츠에서 노동도 훌륭한 행위라는 것을 깨달았다. 정직한 노동은 신성한 경험이었다. 그녀에게 힘을 준 것은 바디샵의 제품이 아니라 이념이었다. 처음에 바디샵을 시작했을 때 그녀에게 일은 호구지책이었지만 사업이 궤도에 올라서자 그녀는 이념을 추구하려는 욕망이 솟구쳤다.

아니타는 바디샵에 취직하려고 온 사람들이 그들의 이념을 버리지 않고 일할 수 있기를 바라는 사람들이라는 것을 깨달았다. 그녀는 직장이란 개인의 성장과 발전을 위한 기회를 제공해야 한다고 생각하였다. 그녀에게 직장은 공동체이며 공동의 선을 위해 사람들이 함께 일하는 곳이었다. 사람들은 사랑받고 싶어하고 의식주와 의미 있는 일, 교육, 영적인 공동체와 같은 기본적인 인권을 필요로 한다는 것이다. 영국에서 로버트 오웬, 초기 협동조합운동, 퀘이커 교도들이 그 사례였다.

기업의 사회적 책임을 중요시하게

바디샵은 '소프워크스'라는 비누공장을 가난한 지역에 세웠는데 90명의 직원이 2천만 개의 비누를 제조하였다. 바디샵이 가장 크게 성공한 사업 중 하나는 가난한 지역사회와의 거래였다. 그녀는 기업의 사회적 책임을 중요시하게 되었고 가난한 사람들을 도와야 한다고 느꼈다. 바디샵은 환경을 위해 최대한 재생 자원을 사용하는 것을 원칙으로 삼았다.

바디샵은 24개국 언어, 49개 시장에서 1,800개의 매장이 있었다. 바디샵은 피부와 모발 관리 제품을 만드는 화장품 회사다. 아니타는 광고 대신에 입소문과 제품에 얽힌 이야기에 의존하였다. 스토리텔링 즉 제품에 얽힌 이야기, 조직에 얽힌 이야기는 바디샵에서 커뮤니케이션의 중요한 요소가 되었다.

미용산업을 하는 아니타는 단지 외모를 가꾸려고만 하지 말고 "있는 그대로의 자신을 좋아하라!"는 메시지를 강조하였다. 그녀는 미용산업이 하는 큰 거짓말 한 가지는 '영양크림으로 시계 바늘을 거꾸로 돌려놓을 수 있다'는 것임을 알고 있었다. 그녀는 거짓말로 광고하는 것을 혐오하였다.

성공을 결정짓는 주요 요소는 에너지와 열성

바디샵은 1990년에 본사에 '아동개발센터'를 마련하여 3개월에서 5세 사이의 아동들을 돌보는 보육시설을 갖추었고 방학 중에는 5세-11세 아동들을 위해 '데이 캠프'를 운영하였다. 바디샵 제품의 성분은 제3세계 원주민들이 채취한 원료에서 구하였고 할인판매를 하지 않았으며 광고도 하지 않았다.

1990년에 바디샵은 미국에서 프랜차이즈 사업을 시작하기로 결정했다. 1993년 바디샵의 미국시장 총매출액은 4,460만 달러로 이익은 190만 달러였다. 바디샵은 도시에서는 꽤 괜찮은 실적을 올리고 있었다. 상업적인 성공을 이용해 사회적인 이상을 구현할 수 있다는 것이 아니타 로딕의 생각이었다.

아니타는 동물실험 반대 캠페인을 해왔다. 1990년에 그녀는 자선기금 관리를 위해 바디샵 재단을 설립했고 6년 동안 350만 파운드 이상을 기부했다. 캠페인의 성공을 결정짓는 주요 요소는 직원들의 에너지와 열성이었다. 바디샵은 열대우림에서 자라나는 여러 가지 종자류, 뿌리류, 식물을 연구하였다.

얼마나 많은 이익을 남기느냐가 아니라

그녀의 사업은 보건면에서 보다 성공적이었다. 그녀가 보기에 '모이스처라이저'와 같은 제품은 정말 무가치하였다. 아니타 로딕은 세계적으로 37개의 커뮤니티 트레이드 사업을 통해 수천 명의 빈민들에게 일자리를 제공하였다. 그녀는 얼마나 많은 이익을 남기느냐가 아니라 거래하는 나약한 지역주민들을 어떻게 대하느냐로 성공을 평가받고 싶었다. 바디샵은 거래는 윤리적 행위여야 하고 공평한 거래가 절대적으로 중요하였다.

아니타 로딕은 세상에는 성공을 시새워 하는 많은 인간들이 있다는 것을 경험하였는데, 그녀의 사업을 비방하고 왜곡하여 고발하는 일들이 종종 발생하였다. 결국 재판 끝에 아니타는 완전히 무죄라는 판결을 받았다. 상대방은 손해배상금으로 27만6천 파운드와 재판 비용을 부담하였고, 중상모략적인 말을 다시 반복해서는 안 된다는 금지명령을 받았다.

기업 스토커도 있었다. 바디샵처럼 비즈니스를 운영하려면 이상과 실제 사이에서 끊임없이 타협해야 한다는 것을 그녀는 깨달았다. 바디샵에서 그녀는 열정을 간직하고 직원들에게 영감을 주고, 변화의 인간적 성장을 지속하도록 가르치는 것이 그녀의 책임이었다. 그녀가 추구한 것은 사회적 기업의 이상이었다.

08

향상의 길

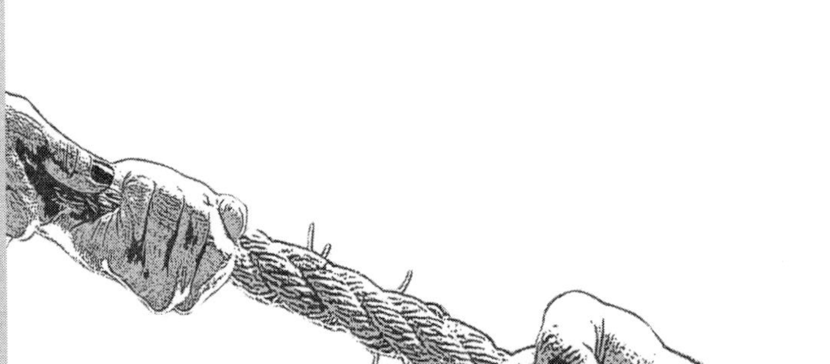

향상의 길

어느 연구가에 의하면, 모차르트가 6살 때까지 음악을 공부한 시간은 약 3,500시간이라고 추정되었다. 모차르트의 천재성은 반짝이는 능력의 과시에 있었던 것이 아니라 많은 연습과 인고의 과정을 겪었다는 점에 있었다. 결정적 경쟁력을 얻는 것도 마찬가지이다. 진정한 경쟁력은 끊임없는 향상의 길에 머물러 있을 때 보장된다. 스콧 펙, 대니얼 코일, 매슈 사이드, 제프 콜빈 등은 그들의 저서를 통하여 향상의 길이 단거리가 아니라 장거리 경주라는 점을 알려주었다.

18년 혹독한 연습을 견디어 모차르트

모차르트는 5살에 작곡을 시작해 8살에 피아노와 바이올린을 연주했으며 평생 수백 곡을 작곡했다. 그의 아버지 레오폴트 모차르트는 작곡자이자 연주자였다. 레오폴트는 3살 때부터 아들에게 작곡과 연주 훈련을 강도 높게 시켰고 집중적으로 훈련했다. 모차르트의 악보들을 보면 그가 끊임없이 수정하고 상당 부분을 다시 작곡하였다는 것을 확인할 수 있다. 모차르트의 음악은 19세기에 와서야 높은 차원으로 격상되었을 뿐이다. 모차르트가 18년 동안의 혹독한 연습을 견디어 낸 뒤에야 우리가 아는 모차르트가 되었다는 사실이다.

요한 세바스티안 바흐의 '마태 수난곡'은 그의 생전에 단 2번밖에 연주되지 않았다고 한다. 바흐의 음악은 펠릭스 멘델스존이 바흐의 죽음 이후 수십 년 뒤에 그 음악을 칭송하기 전까지는 특별한 대접을 받지 못했다. 오늘날 많은 인기를 누리는 멘델스존의 음악은 그가 죽은 이후 상당히 괄시를 당했다.

창조성은 후천적 노력에 의해

미켈란젤로는 "내가 기술에 통달하려고 얼마나 열심히 노력했는지를 사람들이 안다면 그 능력이 마냥 멋져보이지는 않을 것이다"라고 말한 바 있었다. 창조성은 후천적 노력에 의해 만들어진다는 사실은 여러 연구에서 발견되었다. 애리조나대학교 심리학 교수인 앤 로는 철저한 연구를 통한 결과, "과학적 창조성은 얼마나 열심히 노력을 기울였는가와 관련이 있다"라고 결론을 내렸다. 미켈란젤로는 위대한 스승 기를란다요의 도제로 들어가 열심히 노력하였다. 그는 깊이 있는 연습에 엄청나게 많은 시간을 보냈고, 회로를 최적화하고 실수를 교정하고 경쟁하면서 실력을 연마했다.

브라질에서는 풋살이라는 실내축구가 인기다. 풋살은 예리한 패스가 무엇보다 중요하다. 브라질에서 어린 선수들은 풋살을 즐기며 배운다. 풋살은 공과 접촉하는 횟수가 축구보다 훨씬 더 많은데 6배 정도 더 많다. 더 많이 공과 접촉하므로 훨씬 더 빨리 공을 다루는 기술이 증가한다는 사실이다. 브라질 축구와 다른 나라 축구의 차이는 풋살의 열기와 같이 맹렬한 연습이 이루어지는 학습에서 나타나는 것이다.

연습하면 신경계에 형성되는 회로

특정 패턴의 연습을 반복할수록 실력이 향상된다는 것은 신경계의 메커니즘에 근거한다. UCLA의 신경과학자인 조지 바조키스 박사는 "모든 기량, 언어, 음악, 동작은 살아 있는 회로로 이루어져 있으며 모든 회로는 특정한 규칙에 따라 증식된다"라고 말했다. 연습하고 연습하면 신경계에 형성되는 회로에 의해 특정한 기술이 획득된다는 것이다.

집중해서 반복하는 연습을 이길 수 있는 것은 없다. 매일 연습하는 것이 중요하다. 세계적 전문가 대부분이 하루에 3-5시간 정도 연습한다고 한다. 미국의 메도마운트 음악학교는 하루에 5시간 연습할 것을 고집하였다. 기꺼이 인내하고 실패를 허용할수록 신경회로는 더욱 두꺼워지고 스킬은 점점 더 향상된다는 것이다.

깊이 있는 연습은 매우 강력한 개념이다. 정확히 목적에 맞는 노력이 학습 속도를 10배 증가시킬 수 있다. 훈련을 반복하면 초강력 회로를 갖게 되는 것이다. 어떤 것을 연습할 때마다 머릿속에는 특정한 회로에 신호가 들어온다. 인간의 모든 동작, 사고, 스킬을 통제하는 것들은 이 회로들이다. 신경과학자들은 연습에 따른 시냅스의 변화가 실력 향상의 중요한 열쇠라고 강조했다.

동기부여의 불꽃이 계속 타오르도록

연습의 초기에는 스킬 향상의 증가 속도가 느리다는 점을 유념해야 한다. 연구에 의하면 장기계획을 세운 그룹과 단기계획을 세운 그룹의 차이는 매우 컸는데, 장기계획을 세운 그룹이 더 뛰어났다는 것이다. 장기계획 그룹이 연습까지 많이 한 경우에는 향상 속도가 급격히 빨라졌다. 이는 끈질기게 장기간 연습하겠다는 생각이 중요한 역할을 한다는 것을 보여준다.

재미없는 일을 먼저 해치울 수 있다면 나머지 시간을 즐겁게 지낼 수 있다. 이는 우선순위를 조절하는 것이며 시간을 계획하고 조절하는 것이다. 좋은 훈련에는 시간이 필요하다. 동기부여의 불꽃이 계속 타오르도록 유지하는 것이 관건이다. 실력 향상이란 사실 자신감의 향상이다. 먼저 자신감이 있어야 한다. 드웩 박사의 연구에 의하면, 노력에 대한 칭찬을 받은 아이들은 처음 점수보다 30% 향상되었지만 지능에 대한 칭찬을 받은 아이들의 점수는 20% 하락되었다. 모든 것이 칭찬 한 마디 때문이었다. 노력이나 점진적인 발전의 가치를 긍정하는 언어를 사용해야 한다는 것이다.

날마다 조금씩 나아지려고

유명한 농구 감독 존 우든은 훈련을 3단계로 하였다. 그는 먼저 어떤 행동을 제대로 하는 법을 시범적으로 보여주고, 잘못하는 법을 보여준 다음, 다시 제대로 하는 법을 보여주었다. 선수들은 연습할 때 실제 경기에서보다 더 바쁘게 뛰어다녔다. 우든의 진정한 능력은 선수들에게 정확히 목적에 맞는 정보를 빠른 속도로 알려주는 능력이었다.

우든의 방식은 전체 동작을 가르친 다음, 그것을 분해해서 각각의 성분이 되는 행동을 다루는 방식이었다. 그가 정의한 학습은 설명, 시범, 모방, 교정, 반복으로 이루어졌다. 그는 "날마다 조금씩 나아지려고 노력해라. 그것이 실력을 습득하는 유일한 길이다"라고 말했다. 반복은 학습의 열쇠였고 매우 중요했다.

초기 작품은 항상 미숙하였다

교사의 가장 중요한 자질은 초기의 학습을 매우 즐겁고 보람 찬 활동으로 만들 수 있는 능력이다. 단순함이 핵심이다. 회로가 물흐르듯이 활성화되는 것에는 유창성이 관건이다. 완벽한 동작들이 반복적으로 집합을 만들어내면서 엄격하게 정해진 경로가 필요하며 거기에는 일관성이 관건이다. 신경과학자 다니엘 레비틴은 연습의 중요성을 강조했다. 무언가를 진정으로 마스터하려면 1만 시간 동안 연습해야 한다는 것이다.

소설가 브론테 자매의 글쓰기는 일종의 사교적 행위였다. 위대한 문학 작품을 쓴 작가들의 초기 작품은 항상 미숙하였다. 그들은 미숙한 모방에 엄청난 시간과 노력을 쏟아 부었기 때문에 위대한 작가가 될 수 있었다. 브론테는 꽤 오랫동안 글쓰기 연습을 반복해왔던 것이다. 대부분의 작가들은 폭넓은 독서를 통해 작가가 되었다. 이들이 끊임없는 학습을 인내하지 않았다면 결코 작가로서 성공하지 못하였을 것이다. 윌슨은 우리 시대의 영향력 있는 생물학자로서 300여 건 이상의 논문과 수많은 책들을 저술하였고 두 권의 책이 퓰리처상을 수상했다. 그의 초기 학문적 성과는 보잘것없는 것들이었다.

고정형 사고방식과 성장형 사고방식

선천적 재능을 중시하는 관념을 고정형 사고방식이라 한다. 이 견해는 성공과 실패를 선천적 재능 탓으로 돌린다. 노력을 통해 재능이 변화될 수 있다고 믿는 성장형 사고방식이 있다. 이 견해는 성공과 실패가 노력에 달려 있다고 생각하는 것이다. 두 관념의 차이는 결과의 차이를 만들어내었다는 사실이다. 재능에 대한 칭찬은 고정형 사고방식을 갖게 만든다. 재능이 아니라 노력을 칭찬하는 것은 성장형 사고방식을 갖게 만든다. 노력을 지속적이고 반복적으로 칭찬하는 것은 성장을 이룩하는 데 매우 중요한 역할을 한다. 모든 교육의 핵심은 성장형 사고방식을 받아들이도록 격려하는 것이다.

미국 엔론사의 제프리 스킬링은 2001년에 파산한 에너지 회사의 최고경영자였다. 스킬링은 재능을 과시하였고 회사의 문화는 몇몇 인사들에 의해 모든 것이 결정되는 방식으로 움직였다. 결과는 파멸로 이어졌다. 컨설팅회사 맥킨지사의 철학은 "성공과 실패를 결정짓는 요소는 인재다. 전문지식보다 전체적인 추론 능력이 훨씬 중요하다"라고 되어 있다. 이는 재능중심의 사고방식이다. 엔론은 맥킨지의 접근법보다 한술 더 떠 실천하였고 결국 파산하였다. 맥킨지사 임직원들의 스트레스 수준이 높다는 것은 이미 많이 알려져 있다는 사실이다. 재능이 아니라 노력을 칭찬하고 개인적인 변화를 강조하는 것이 매우 중요하다.

"내 성장의 비결은 연습이다"

영국의 음악가를 대상으로 한 연구에서 '차이는 단지 최고 연주자들의 연습시간이 더 많았다'는 것이다. 성장을 가속화하는 요소는 훈련의 질과 양이다.

비너스 윌리엄스와 세레나 윌리엄스의 경우에, 비너스는 생후 4년6개월, 세레나는 3년이 된 날부터 테니스 훈련을 받기 시작하였다. 두 자매가 훈련한 시간은 수천 시간이 넘었다. 축구선수 베컴은 "내 성장의 비결은 연습이다"라고 말했다.

탁월함처럼 혁신도 목적의식이 분명한 훈련을 열심히 해야 된다는 것이다. 천재화가 파블로 피카소는 셀 수 없이 많은 시간을 쏟아부어 주도면밀하게 기술을 습득했던 것이다. 아마추어 선수와 프로선수의 차이점은, 연습량의 차이에 있다는 것이다. 음악학교에서 조사결과에 따르면, 12세 이하의 경우 최하위 집단학생들의 하루 평균 연습시간은 15분이고, 최상위 집단학생들의 연습시간은 2시간이었다. 이것은 8배의 차이였다.

혼자 하는 연습이 실력 향상의 차이

1990년대에 학자들은 연구를 위해 서베를린 음악아카데미를 방문했다. 그 학교의 최우수 집단은 방과 후 혼자 연습하는 시간이 일주일에 평균 24시간이었고, 보통 집단학생들은 9시간이었다. 학교

활동 시간은 모두 같았고 혼자 하는 연습이 실력 향상의 차이를 보여주었다. 연습으로 얻는 이득은 누적되었다. 18세까지 최우수 집단학생들의 평균 총 누적 연습시간은 7,410시간, 우수 학생들은 5,301시간, 보통 학생들은 3,420시간이었다. 통계적인 차이는 명확했다.

1960년대 헝가리의 교육심리학자 라슬로 폴가르는 부인 클라라와의 사이에 수잔, 소피아, 주디트 3명의 딸이 있었다. 라슬로와 클라라는 세 딸을 체스의 전문가로 키우기로 결심했다. 라슬로는 체스 관련 책을 많이 모았다. 수잔은 17살에 남자들의 전유물이었던 세계선수권 대회 출전자격을 얻은 최초의 여성이 되었다. 수잔이 19살, 소피아가 14살, 주디트가 12살에 세 자매는 여성올림피아드에 출전했고 헝가리 역사상 최초로 소련을 누르고 승리를 거두어 국가적 영웅이 되었다. 수잔은 21살에 여성으로서 최초의 그랜드마스터가 되었고 주디트는 여자 세계랭킹1위 선수가 되었다. 라슬로의 체스 실력은 보통 수준이고 클라라는 체스를 전혀 할 줄 몰랐다. 수잔은 "성공의 99%는 노력으로 이루어진다고 생각해요. 아버지는 타고나는 재능은 없다고 믿었어요"라고 말했다.

성공을 거둔 핵심 요인은 결국 똑같았다

깊은 지식은 창의적인 해결책을 찾도록 도와준다. 가장 혁신적인 사람들에게 한 가지 공통점은 몇 년 이상 강도 높은 준비기간을 거쳤다는 사실이다. 작곡가 76명을 대상으로 한 연구에서, 작곡가들은 처음 10년 동안 주목할 만한 작품을 거의 내놓지 못했다. 10년이 지나서야 제대로 된 작품들이 나오기 시작했다는 것이다. 화가나 시인도 마찬가지였다. 피카소 같은 천재들도 예외는 아니었다. 비틀즈도 유명해지기까지 합주로 수천 시간을 보냈다는 사실이다.

위대한 창조자들은 자기 분야에 열정적으로 몰두하고 그 결과 깊이 있는 지식을 쌓았다는 점이다. 기업에서 문화의 변화는 위에서부터 시작된다. 최고경영자들이 문제가 없다고 생각하는 한 기업문화는 절대로 바뀌지 않는다. 테니스 선수나 발명가나 성공을 거둔 핵심 요인은 결국 똑같았다. 무엇보다 가장 큰 차이를 만드는 것은 오랜 시간 동안 지식을 쌓는 힘든 과정을 기꺼이 감수하려는 태도였다.

창조는 훨씬 더 의식적인 노력

하버드대학의 데이비드 퍼킨스 교수는 "창조는 훨씬 더 의식적인 노력에 가깝다"라고 말했다. 어떤 분야에서의 탁월한 성과이건 그것을 이루지 못하는 가장 큰 이유는 목표에 이르기까지의 힘겨운 과정을 기꺼이 감내하지 못하기 때문이다. 20세기의 가장 위대한 바이올린 연주자 한 사람인 나탄 밀슈타인의 스승인 레오폴드 아우어는 "손가락으로만 연습하면 하루 종일 걸리지만 정신을 집중하면 한 시간 반이면 충분하다"고 말했다.

계획된 연습은 수없이 반복해야 하는 힘들고 고통스러운 연습을 요구한다. 이는 힘들고 지루하다는 사실이다. 대부분의 사람들은 그런 연습을 하지 않는다. 끊임없이 계획된 연습을 추구하는 사람은 차별화된 존재가 되는 것이다. 피아노의 거장 아르투르 루빈스

타인은 89살까지 무대에서 훌륭한 연주를 보여주었다. 그 비결은 의도적으로 특정 기술에 초점을 맞추어 설계된 연습 때문이었다. 인간의 뇌는 필요한 조건만 갖추면 나이가 들어서도 새로운 뉴런이 생성될 수 있다는 것이 밝혀졌다. 요컨대 나이가 들어도 실력은 여전히 발휘된다는 것이다.

효과 자체에 대한 과장된 믿음

스포츠 베스트 플레이어는 자신의 역량을 넘어서는 점프를 정기적으로 시도했다. 베스트 플레이어는 자신의 능력에 비해 훨씬 어려운 점프를 반복적으로 시도한다는 것이다. 일본의 여자 피겨스케이팅 선수 아라카와 시즈카는 2006년 이탈리아 동계 올림픽에서 금메달을 획득했다. 아라카와는 완벽한 연기를 선보이는데 19년이 걸렸다. 2만 번의 엉덩방아를 찧는 일을 통해 성과가 나왔다. 아라카와 시즈카보다 더 뛰어난 한국의 김연아 선수도 그와 똑같은 과정을 밟았다. 성공을 거둔 모든 훈련방법에는 공통점이 있었다. 이는 목적의식이 분명한 훈련을 시스템화했다는 것이다. 학습에 가속도를 붙게 하는 간단한 방법은 우수한 선수와 훈련을 하는 것이다. 그러면 학습이 가속화되고 실력이 급등한다고 한다. 놀라운 것은 뇌의 유연성이다.

스포츠심리학이 성공한 비결은 효과 자체에 대한 과장된 믿음에 있었는데 이를 '기량 플라시보'라고 부른다. 정신의 힘은 믿음에 의해 좌우된다는 것이다. 다른 사람들에게 믿음을 주입시키는 능력은 리더십에서 매우 중요하다. 인간은 자신의 믿음에 맞게 증거를 바꿀 수 있는 놀라운 능력이 있다는 것이 심리학 연구에서 발견되었다. 중요한 것은 최고의 성과자들은 자신이 최고 수준에 이를 것이라고 믿었다는 점이다.

자기 일에 지나치게 헌신적이었다

최고의 성과자들은 결과에 초점을 맞춘 목표가 아니라 과정에 초점을 맞춘 목표를 세웠다. 최고의 성과자들은 어떤 특정요소를 향상시키는 데 집중하였다. 목표 설정 다음에는 목표 달성 방법을 구상하였다. 중요한 것은 태도와 신념이었다. 최고의 자리에 올라서기 위해 치르는 대가는 크고, 다른 관심사는 희생해야 한다는 사실이다. 위대한 성과자들을 연구한 하워드 가드너는 "그들은 자기 일에 지나치게 헌신적이었다. 사회생활이나 취미 활동은 전혀 중요하지 않았다"라고 말했다. 가드너는 "자신감은 이기주의, 자기중심주의, 나르시시즘과 결합한다"고 말했다.

오늘날 기업이 살아남는 방법은 새롭고 차별화된 제품을 개발하는 것이다. 창의성과 혁신은 경제적 미래를 쥐고 있는 열쇠다. 위대한 성과의 원리는 창의성과 혁신의 본질에 관한 깊은 통찰을 제공한다. 정신적 성장의 길은 평생이 걸리는 배움의 길이다. 배움의 길을 즐기는 사람은 성장이 보장된다는 사실이다.

09

우수한 기업들-1

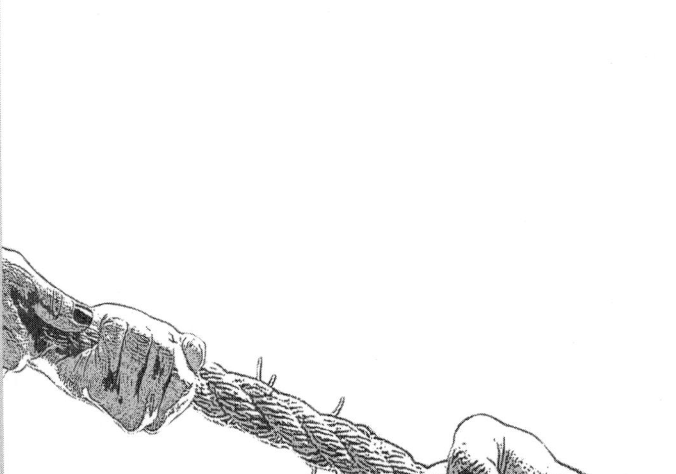

빅브라운

사람들은 UPS라는 회사를 '빅 브라운'으로 부르기도 한다. UPS 기사들은 하루에 200여 건의 엄청난 배송업무를 매우 신속하게 처리해야 한다. UPS사람들은 더 효율적으로 일하는데 배송기사들은 교육을 통하여 최고의 효율을 발휘하였다. '후진하지 말라'는 UPS의 단순한 규정이 사고를 예방하는 매우 중요한 규정이었다. 그레그 니먼은 UPS의 직원으로 35년 동안 근무하였는데 배송기사를 거쳐 관리직으로 승진하였다. 필자는 그의 저서와 다른 자료를 통하여 UPS가 뛰어난 기업이 된 원인을 알게 되었다.

티베트 수도원의 규칙과 같이 엄격하다

UPS에서 2006년에 25년 이상 무사고운전을 기록한 현역 기사들의 수가 400명을 넘어섰다. 그들 중 87명은 35년이 넘는 기록을 보유하고 있고 견인트레일러 기사인 론 소우더는 43년 무사고로 최고기록을 자랑한다. UPS기사들은 160만 km당 평균 사고건수는 한 건이 못된다. UPS의 규칙에 대하여 작가 필립 햄버거는 "티베트 수도원의 규칙과 같이 엄격하다"라고 묘사했다.

UPS 직원들은 철저한 교육을 받고 풍성한 혜택을 받았다. 회사는 1920년에 완전한 유니폼을 지급했다. UPS기사들은 페덱스기사들보다 화물을 1/3정도 더 배송하고 더 많은 돈을 벌며 혜택도 더 많이 누린다. 창업자 짐 케이시는 "우리의 주된 목표는 봉사하는 것, 고객에게 완벽한 서비스를 제공하는 것이다. 서비스는 훌륭하게 실행된 많은 작은 것들의 총합이다"라고 말했다. 철저한 문제해결, 혁신기술, 새로운 서비스, 정교하게 기획된 배송절차 등은 이 회사의 동력이었다.

파트너십 윤리는 큰 역할

UPS직원들의 자부심은 대단하다. 회사는 전세계적으로 36만 명의 직원을 두고 있으며 회사의 핵심은 사람들이었다. UPS는 최대 라이벌 페덱스보다 3배 더 많은 이윤을 냈고 훨씬 능률적으로 일하였다. 2002년 313억 달러의 수익, 24억 달러의 이윤을 냈다. 이 회사는 간부식당이 없으며 고위 간부들의 집무실은 소박하고 최고경영자는 개인 비서가 없다.

UPS는 직원들에게 투자를 아끼지 않았다. 장기적인 안목으로 직원들을 바라보는 것이다. 이 회사는 핵심 신념을 유지하면서 전략을 끊임없이 재검토한다. UPS가 내세우는 파트너십 윤리는 큰 역할을 했다. 회사는 직원들의 말을 경청한다. 1968년 이후 UPS는 지역사회에 봉사하는 프로그램을 통하여 다양한 봉사활동을 하고 있다.

제임스 케이시는 UPS의 창업자이다. 케이시는 "훌륭한 경영이란 함께 일하는 사람들의 행복에 진지한 관심을 기울이는 것이다"라고 말했다. 그는 조용한 사람이었다. 독학을 했던 케이시는 항상 읽고, 듣고, 질문을 했다. 1929년 케이시는 간부들을 호칭할 때 그들의 이름을 사용할 것을 내용으로 하는 UPS정책지침을 작성했다. 그의 베푸는 성격은 UPS재단, 애니 케이시 재단, 케이시 패밀리 프로그램, 케이시 패밀리 서비스 등의 설립으로 현실화되었다. 1983년 케이시가 사망했을 때 그의 재산 대부분은 이들 자선단체로 귀속되었다. 현재 케이시 프로그램 하나에도 약 20억 달러의 자산을 지니고 있다.

허식을 멀리하고 검약한 빅브라운 정서

창업자 케이시는 검소하였으며 비서가 없었다. UPS의 모든 간부들은 직접 자신의 전화를 받았고 개인비서를 두지 않았다. 각 부서마다 사무원을 한 명만 두었다. 허식을 멀리하고 검약한 태도는 빅브라운의 정서가 되었다. 케이시는 일을 즐긴 사람이었다. 케이시가 보여준 방법들은 UPS가 페덱스를 제치고 세계 최고의 배송회사로 자리매김하게 된 생존모델이 되었다.

케이시는 평생 독신으로 지냈다. 짐 케이시는 '인간과 봉사'라는 중요한 두 핵심가치를 대원칙으로 삼았다. 그는 매우 단정하고 깔끔했다. 배송차량에 흙이 묻어 있는 것을 보면 그는 격분했다. 엄격히 통제된 방식, 단정함과 청결이 전 직원에게 요구되었다. 단정함과 신뢰성은 근무 중 음주를 금하는 것을 정책으로 삼게 되었다. 이를 어기면 즉각 해고되었다.

짐 케이시는 1888년에 태어났다. 학교를 그만둔 후 13살의 케이시는 전미지역전신회사에서 메신저보이로 일하게 되었다. 구두 메시지를 전달해주고 답변을 받아 돌아오는 것이 주된 일이었다. 그는 전보, 우편물, 소포를 픽업하고 배송했다. 그는 학교에 복학하였고 가정 사정으로 결국 고등학교 첫 학기 때에 중퇴할 수밖에 없었다. 1907년 케이시와 그의 친구 클로드 라이언은 동업으로 '아메리칸메신저컴퍼니'를 출범시켰다. 메신저들은 예의바르고 신속하게 처신하도록 교육받았다.

지킬 수 있는 것 이상을 약속하지 말고

1907년에 미국에 금융공황이 발생하였고 배송사업에 뛰어든 케이시와 클로드는 둘 다 10대 후반이었다. 짐은 신중한 성격이었고 클로드는 좀더 외향적이었다. 케이시는 고객들에게 "절대 지킬 수 있는 것 이상을 약속하지 말고, 약속한 것은 반드시 지킨다"는 방침을 세웠다. 일주일에 7일간 24시간 서비스를 제공하는 사업이었다.

잔심부름에 점점 질려버린 케이시와 클로드는 옷가게와 계약을 맺고 고객들에게 당일배송서비스를 시작하였다. 1911년에는 케이시의 동생인 조지가 사업에 합류하였다. 찰리 소더스트롬이 케이시의 사업에 동업자가 되었다. UPS가 전체 배송차량을 아주 잘 관리하고 있는 것도 찰리가 확립해놓은 관행에 힘입은 바 컸다. 강도 높은 예방정비검사 절차가 공식화되어 문제가 발생하기 전에 차단되었고 UPS차량은 80만km 이상을 달릴 수 있었다.

항상 탐구적이던 짐 케이시

항상 탐구적이던 짐 케이시는 다음 단계를 내다보고 있었다. 1919년 이후로 짐 케이시, 조지 케이시, 에버트 맥카베, 찰스 소더스트롬이 4명의 창업자들로 간주되었다. 새로운 회사이름은 '유나이티드 파슬 컴퍼니' 즉 UPS가 되었다. 케이시가 사장, 맥은 부사장, 찰리는 관리, 조지는 시애틀에 머물며 그쪽의 일을 관리했다. 케이시는 다른 회사들도 사들였으며 직원들도 함께 받아들였다. 다른 회사를 인수할 때 현금을 지불하는 대신에 UPS주식의 일정 몫을 주는 방식으로 하였다.

UPS는 업체간 배송업무에서 손을 떼고 소비자에 이르는 배송업무만 전담했다. 도매배송은 소매배송과는 달랐고 '일반운송업' 서비스로 알려져 있었다. UPS는 미국 우정성과 직접적인 경쟁관계에 놓이게 되었는데 1920년대에 최초의 자동세차장, 최초의 54미터 컨베이어벨트, 최초의 갈색 유니폼을 갖추었다.

UPS는 지난 88년 동안 트럭운전사조합과 긍정적인 관계를 유지해왔다. 조합과 전국기본협정을 맺었고 오늘날까지 유효하다. 오늘날 UPS 기사들과 화물처리원들은 트럭운전사 조합원들 중 가장 많은 비중을 차지하며, UPS에 고용되어 있는 회원들 수는 22만 명이 넘는다.

15달러가 128만 달러가 되었다

UPS는 지나치게 꼼꼼하고 조직화된 듯 보이는 사업방식을 고수하지만, 직원들에게 자율성과 초인적인 실행능력을 요구하는 책임을 부여한다. 1927년에 창업자들은 자신들의 수입을 종업원들과 나누는 결정을 내렸다. 직원들에게 주식을 소유할 수 있는 기회를 제공한 것이었다. 1927년에 15달러 가격이었던 한 주는 80년 동안 여러 차례 액면분할되었기 때문에 오늘날 1만6천 주로 불어났고, 주당 80달러이므로 전체 가치는 128만 달러가 되었다.

1999년 회사는 주식을 공개하였다. UPS는 미국 최대의 종업원 소유 기업이 되었다. UPS는 종업원주식할인매입제도를 만들었다. 이는 공동경영자라는 의식과 헌신, 엄격한 근무기준을 수용하는 태도를 가능하게 했다. 사업이 확장되고 지역이 넓어지자 현장결정이 한층 중요해졌고 권한을 분산시키는 조치를 취하였다. 또한 자유롭게 의견을 개진하는 문화를 만들었다. 회사의 수입 중 상당 부분이 휴가, 복지, 사회보장세, 보상보험 등 직원들의 복지비용으로 지출되었다. 이는 UPS가 "사람이 우리의 가장 중요한 자산이다"라는 금과옥조를 실천하고 있음을 보여주었다.

배송기사들은 평균 16년 이상을 근무

UPS의 직원에 대한 대우는 최상급이다. 현재 배송기사들은 7만 달러 이상의 연봉을 받는다. 지난 3년 동안 UPS는 매년 10억 달러가 넘는 돈을 직원들을 위한 연금기금에 기부했다. 또한 안전운전에 대해 보상하고 있다. UPS의 배송기사들은 평균 16년 이상을 근무한다. 이것은 전국 평균 4년과 비교되는 수치다. 정규직 근로자 19만4천 명 중에서 9만5천 명이 기사들이다.

UPS기사들은 다정하고 친근하다. 이는 철저한 교육을 통하여 그러한 태도가 형성되었기 때문이다. 이 회사의 서비스는 효율적이고 경제적이다. 1975년 UPS는 모든 유형의 배송할 권리를 얻고 나서 드디어 전국을 무대로 하는 영업권을 따낼 수 있었다. UPS는 대규모 자본을 투입하기보다는 하나하나, 전국적인 네트워크를 구축해나간 것이 현명한 선택이라는 것을 알게 되었다. 30년 동안 UPS는 일반운송사업권을 얻기 위해 100여 차례 넘게 신청서를 제출했다. 미국 우정성을 제외하면 UPS 이외의 어느 누구도 단일화물을 외딴 곳까지 배송해주지 않았다.

중학교 졸업 학력으로 지금은 대학에

짐 케이시는 1962년 74세가 되었고 조지 뎀프스터 스미스에게 최고경영자직을 위임했다. 케이시는 그 후 21년 동안 거의 마지막 순간까지 현역에 머물며 매일 사무실에 출근했다. 회사는 어음을 발행하지 않았고 언론 캠페인도 없었으며 힘의 과시도 하지 않았다.

UPS는 '사람'에 대한 관심과 집중이 강력한 특징이었다. 임직원들은 서로를 '파트너'라고 부르며 회사도 '우리회사'라고 부른다. 이직률은 낮은 수준이다. UPS는 소수민족 출신 사람들을 고용하였고 여성 직원들도 폭넓게 고용하였다. 남녀차별을 철폐하는 일에도 모범을 보였다. 소수민족 출신들이 전체 직원의 1/3, 신입직원의 약 절반을 차지한다. 관리직에는 소수민족 출신이 약27%이다. 현재 UPS는 직원교육프로그램에 연간 약3억 달러를 지출하고 있다. 중학교 졸업의 학력으로 파트타임 근로자로 UPS에서 일을 시작한 크리스틴 비렐리는 고교 졸업 인정시험을 치를 수 있었고 지금은 대학에 다닐 수 있도록 지원받고 있다.

항공 서비스를 시작함에서 신중

UPS는 철저한 차량관리로 배출가스를 최소한으로 제한한다. 또한 수소연료 전지기술을 채택한 미국 최초의 기업이 되었다. 사회를 위한 기부금 출연도 적극적으로 하고 있다. 짐 케이시의 실용적 기질은 항공 서비스를 시작함에서 신중했다. 1930년대에 UPS의 본부는 뉴욕으로 이전하였다. 1953년에 UPS는 항공사업에 뛰어들었다. UPS는 유나이티드파슬서비스-에어UPS-Air를 설립했다. 이 이름은 후에 'UPS블루라벨에어'로 바뀌었다. 블루라벨서비스는 조금씩 성장을 거듭하여 1980년에는 전체 48개 인접 주의 대도시 지역과 하와이까지 확대되었다.

1970년대 초 페덱스가 항공기를 이용하여, 발송 다음날에 화물을 배송해주는 서비스를 들고 나왔다. 페덱스는 지상배송회사가 아니라 항공사로서 설립되었다. 모든 페덱스 화물은 아예 처음부터 한 개의 허브 즉 테네시주의 멤피스로 모였다. UPS의 모든 화물은 각 도시의 중앙 허브에 도착하여 그곳에서 분류되고 도처의 도착지로 발송된다.

UPS는 항공사업의 중추로 루이빌국제공항을 선택하였고 조심조심 익일배송서비스를 시작하였다. UPS는 2006년에 총 약2,850명의 조종사를 고용하고 있었다. 비행기는 268대의 제트기를 보유하고 있고 추가로 309대를 전세 내어 사용했다. 2006년 UPS와 미국 우정공사는 미국의 우편물을 UPS가 자체 항공기로 운송하는 1억 달러의 거래를 발표하였다. 또한 미국 공군을 위해 국제배송서비스를 제공하는 1억1천900만 달러의 계약을 수주했다.

문화를 존중하자 사업이 번창

미국 밖에서의 첫 사업은 1975년 캐나다 토론토에서의 서비스였다. 독일에도 진출하였다. 독일의 노동관행은 긴 휴가, 많은 비번시간, 무제한의 병가, 짧은 근무시간과 근무일수 등이 엄격한 독일법에 제도화되어 있었다. 이러한 나태함과 열정 없는 태도가 UPS사업에 큰 장애물이었다. 1977년 UPS는 독일과 캐나다의 새 사업부 때문에 손실이 발생하였다. 1979년에는 독일에서만 5천9백만 달러의 손실을 입었다. 그 후 UPS는 문화적 차이를 배려한 수정과 조정책을 실행했다. 임금인상, 동화전략 수립, 개선된 고용기준의 적용, 근무환경 개선 등을 시도하였다. 드디어 1981년 독일 사업은 흑자로 돌아섰다. 유연한 경영 정신이 효력을 발휘했던 것이다.

UPS는 한 나라만을 상대로 공략하였다. 여러 나라를 동시에 공략했더라면 파국을 면치 못했을 것이다. 1985년에 UPS는 미국과 유럽 6개국 사이에 국제항공서비스를 시작했다. 1987-1992년 사이에 UPS는 16개의 유럽횡단 운송회사들을 인수했다. 외국에서 사업을 할 때 문화적 차이를 고려해야 한다는 것을 깨달았다. 진출대상지의 문화를 존중하는 방식으로 신중하게 움직이자 실적이 개선되고 사업이 번창하기 시작했다.

중요한 것은 '무엇을' 하느냐가 아니라 '어떻게'

1988년에는 중국에 시험 삼아 진출했다. 중동, 기타 여러 나라에도 신중하게 진출했다. 오늘날 직원 5만8천 명이 미국 외에서 매일 150만 개 이상의 화물과 문서를 배송하고 있다. 진정한 UPS방식에서 중요한 것은 '무엇을' 하느냐가 아니라 '어떻게' 하느냐였다. 지난 6년간 수익이 연평균 6% 증가했다. 1998년 매출은 248억 달러, 순이익은 17억 달러였다.

1998-1999년의 연휴시즌 동안 빅브라운은 전체 온라인 구매물품의 절반 이상을 배송했다. UPS의 데이터베이스는 화물을 추적할 수 있게 하며 필요할 경우 수송경로를 바꾸기도 한다. 차량에 무엇이 실려 있는지 알고 있고 잘못 배송하려고 할 때 주의를 준다. 배송차량이 엉뚱한 주소에 정차할 경우 경보를 울려 기사에게 정정해준다.

위치추적 시스템도 매우 정확하다. 화물을 추적할 수 있게 해준다. 배송업무효율은 높아졌다. UPS는 통관업무중개서비스도 하며, 송장을 간편하고 쉽게 작성할 수 있게 해주었다. 기업고객의 제품을 조립하고 수리하고 보관하는 역할도 하고 있다. 중개서비스, 창고관리, 픽업, 포장, 배송서비스까지 할 수 있다. 고객들은 집에서도 UPS와 접속할 수 있다.

정신력은 위대한 유산

빅브라운은 직원수 50만 명을 바라본다. UPS는 1996년 이래 작업장 사고를 62%까지 줄인 안전프로그램으로 '워크포스매니지먼트'가 수여하는 2005년 '옵티머스상'을 받았다. 2005년에 미국에서 가장 신뢰할 수 있는 기업 1위는 '존슨&존슨'이었고 UPS는 2위였다. 그러나 같은 조사의 기업커뮤니케이션 성실도 부문에서 UPS는 1위로 선정되었다.

1983년 짐 케이시는 95세로 세상을 떠났다. 미국 노동부는 2002년에 짐 케이시를 명예의 전당에 등재하면서 "UPS의 창업자 짐 케이시는 고용주와 종업원들이 함께 손잡고 견실한 기업을 일구어낼 수 있다는 사실을 증명했다"라고 밝혔다. 새로운 UPS는 고객맞춤형이 되었고 송장 청구방식도 다양화시켰다. 최고경영자 마이크 에스큐의 연봉은 보너스를 포함하여 315만 달러인데 이는 훨씬 더 작은 기업들의 최고경영자 수준이다. 짐 케이시의 정신력은 위대한 유산으로 남았고 회사는 위대한 회사가 되었다.

메리케이 코스메틱

1963년 9월 메리케이 코스메틱사는 시작되었다. 지금은 전세계 100만 명의 뷰티 컨설턴트를 둔 굴지의 대기업이 되었다. 창업자인 메리케이 애시는 메리케이를 일구기까지 숱한 좌절을 겪어야 했으며 뒤로 물러나야 할 때도 많았다. 그녀는 "가장 효과적인 경쟁은 바로 자기 자신과 싸우는 것이다"라고 말했다. 메리케이 애시는 자신의 경험을 저서를 통해 알려주었다.

'받는 것'이 아닌 '주는 것'에 중점을

메리케이는 어느 집주인에게서 특별한 화장품 제조법을 배운 후 그것을 회사로 만들기로 계획하였다. 메리케이 코스메틱은 '받는 것'이 아닌 '주는 것'에 중점을 두었다. 즉 '배려와 도움'의 원칙을 실천하는 것이다. 메리케이 코스메틱의 또 다른 이념은 고객이 제품을 구매하기 전에 편안한 환경에서 알 수 있도록 해준다는 것이다. 메리케이는 집에서 메이크업하는 방법을 교육하였다. 그녀의 회사는 조건 없는 환불

제도를 시행하여 왔다. 기본적 스킨케어 제품과 메이크업 제품을 간소화했고 컨설턴트가 주문과 배달, 수금을 직접 하도록 권장하였다.

메리케이는 열정이 대단해서 회사의 많은 컨설턴트들이 차마 그녀에게 거절한다는 말을 할 수가 없었다고 한다. 그녀에게는 현장 경험을 통해서 영업의 진정한 가치를 이해하는 것이 무엇보다 중요하였다. 사업 첫해에 메리케이가 가장 중점을 둔 것은 뷰티 컨설턴트 지침서를 만드는 일이었다. 메리케이는 자기 회사 제품이 아주 뛰어나다는 것을 확신하고 있었다. 1964년부터 그녀는 '세미나'를 개최하기 시작하였다. 열정만 있으면 무엇이든 할 수 있다는 것을 그녀는 젊었을 때 깨달았다. 그녀는 판매할 때, 고객에게 제품을 효과적으로 사용할 수 있는 방법도 알려주었다.

메리케이의 큰 장점은 전 세계의 독립 뷰티 컨설턴트로 이루어진 방대한 네트워크이다. 이들 컨설턴트들은 고객들과의 신뢰 관계를 통해 미용 관련 제품을 판매한다. 인터넷 붐이 일자 메리케이사는 인터넷 웹사이트를 만들었다. 그러나 소비자들에게 웹사이트를 통해 직접 제품을 팔지 않았다. 오직 뷰티 컨설턴트에게만 주문할 수 있게 하였다. 이는 메리케이사와 뷰티 컨설턴트들과의 확고한 신뢰 관계를 보호하기 위한 것이었으며 그것이 결국은 소비자들에게도 이익이 된다는 확신이 있었기 때문이었다. 당장의 회사 매출을 올리고 회사 이익을 더하기 위하여 판매원들에게 위협적인 경쟁자로 등장한 전자상거래 웹사이트들과는 전혀 다른 방식을 택한 것이다.

"올바른 신념을 가지고 사는 사람은 성공한다"

메리케이 코스메틱은 절대로 제품을 강매하지 않았다. 그들은 단지 피부를 관리하는 방법을 알려 주고, 제품에 대한 열정을 나타낼 뿐이었다. 이것이 '친절한 설득'이라고 불리는 판매 방식이었다. 이런 방법을 통해 제품에 대한 고객들의 신뢰와 열정을 확보할 수 있었다. 메리케이 코스메틱에는 "지도자가 열정을 가지고 일하면, 부하 직원들은 자연스럽게 따라오게 마련이다"라는 말이 있다.

메리케이는 열정을 되살리기 위한 시간을 가졌다. 그녀는 정신을 자극하는 책을 읽거나 동기를 불러일으키는 테이프를 들었다. 노래를 부르는 것도 기분 좋게 만들어 주었다. 그녀는 "올바른 신념을 가지고 사는 사람은 무슨 일을 하든지 성공한다"는 것을 확신했다. 그녀는 하느님을 섬기는 것, 가족을 돌보는 것, 자신의 일에 충실하라는 것을 신념으로 하였다.

무엇에 중점을 둔다는 것은 다른 일을 포기해야

메리케이는 의사가 되고 싶어 대학에 다녔는데, 의사가 되기 위해 거의 10년이 걸린다는 것을 깨닫고 학교를 그만두고 회사 일에 투자하였다. 그녀는 먼저 무엇이 가장 중요한지 우선순위를 정하고 그에 시간을 분배하는 것이 중요함을 알았다. 메리케이는 가족을 희생시킬 만큼 가치 있는 성공이란 없다고 생각하였다. 무엇에 중점을 둔다는 것은 다른 일을 포기해야 한다는 것을 뜻하였다. 메리케이는 시간을 절약하기 위해 점심을 사무실에서 먹었다. 그녀는 자신이 직접 해야 할 일은 절대 맡겨서는 안 된다는 것을 유념했다.

메리케이는 성공의 요인을 결단력이라고 생각하였다. 그녀에게는 성공을 추구하는 정신이 중요하였다. 또한 성공에는 돈보다 제품과 시장에 관한 지식이 더 중요하였다. 돈이 메리케이 삶의 최우선 순위였던 적은 한 번뿐이었는데, 처음으로 집을 장만하고 저축을 하기 시작한 때였다.

하고 싶은 일을 하는 것이 메리케이 행복 원칙의 핵심이었다. 메리케이 코스메틱의 경영철학의 기초는 '받기보다 베풀자'는 것이었다. 그녀는 "다른 사람이 나에게 해주기를 바라는 대로 다른 사람에게 먼저 베풀라"고 교육하였다. 그녀의 두 번째 핵심 철학은 '올바른 우선순위'이였다. 세 번째 철학은 '모든 인간의 내면에 숨겨져 있는 아름다운 가능성에 대한 믿음'이었다.

메리케이 회사가 지속적으로 성공할 수 있었던 것은 바로 이 세 가지 확고한 철학에 기초한 덕분이었다. 메리케이 코스메틱사는 '굿 컴퍼니: 경쟁하듯이 맹렬하게 봉사하는 회사'에 포함된 가장 우수한 14개 회사 중 하나로 선정되었다. 메리케이는 미국 세일즈 명예의 전당상을 받은 최초의 사람이었다. 확고한 정신 자세와 이를 위한 실천력, 그리고 그것을 뒷받침하는 실력이 메리케이의 바탕이었다.

10

혼란에서 초점으로

혼란에서 초점으로

요즘 세상은 너무 바쁘다는 것이 문제이다. 정신없이 바쁜 삶을 살면 정말로 중요한 일을 뒤로 미루고 얼렁뚱땅 해치워버리는 사람이 될 수 있다. 그 대가는 크다. 요즘 세상에는 많은 사람들이 로그온, 부팅, 다운로드를 하지 않으면 안 되는 중압감에 사로잡힌다. 그들은 더 많은 정보를 얻으려고 정신없이 바쁘게 살아간다. 에드워드 할로웰, 위니프레드 갤러거, 톰 드마르코, 첵센트미하이 등은 저서를 통하여 혼란된 세상에서 초점을 맞추어 결정적 경쟁력을 확보하는 아이디어를 보여주었다.

통제력을 잃어버린 것은 통제력 욕심에서 비롯

현대 사회는 쓸데없는 걱정과 넘쳐나는 정보, 분주한 삶이 특징이다. 25년간 주의력 결핍 장애를 진료해왔던 정신과 의사는 "사람들이 통제력을 잃어버린 것은 통제력을 차지하려는 욕심에서 비롯되었다"고 말하였다. 그 의사에게 정신과 상담을 온 한 사람은 휴대

전화를 항상 소지하고 심지어 침실에도 갖고 들어가는 습관이 있었는데 그 사람은 메시지에 중독되어 있었다고 한다. 많은 사람들이 너무도 자주 불안정 상태에 빠져 진짜 주의력 결핍 장애의 증상과 비슷하다는 것이다.

수많은 정보를 얻고 서두르면서 무언가를 빨리 성취하려는 경향이 오히려 통제력을 잃게 하는 원인이 된다는 것이다. 어느 유태인 랍비는 "행복은 자신이 원하는 것을 갖는 게 아니고 자신이 갖고 있는 것을 원하는 것이다"라고 말했다. 현대인들을 정보를 얻지 못하면 허기를 느끼는 사람들이 많다고 한다. 현대 사회의 특징에는 서두름, 과잉 정보, 걱정, 잡동사니 등이 있다. 이런 특징들은 인간의 주의력를 빼앗아 가는데 행복한 삶을 방해하는 요인이다.

훌륭한 혁신가와 단순 수집가의 차이

훌륭한 혁신가와 단순 수집가의 차이는 자료를 생각할 줄 아는 능력이다. 결정적 경쟁력은 생각하는 능력이 필수적이다. 우리는 생각할 시간이 있어야 한다. 불안정 상태와 두려움은 명쾌한 사고를 가로막는다. 펀드매니저들은 거의 다 끊임없이 불안해하고 늘 두려워하는 경향이 있다고 한다. 그러한 펀드 매니저들에게 돈을 맡긴 사람들은 불안해질 것이다.

아인슈타인, 피카소, 리처드 브랜슨, 윌리엄 휴렛(HP의 창업자) 등은 한때 읽기 장애 때문에 멍청이 취급을 당했다. 정신과 의사 에드워드 할로웰은 읽기 장애와 주의력 결핍 장애를 동시에 갖고 있었지만 무엇이든 자신이 할 수 있는 것을 함으로써 문제를 극복했다고 한다. 1970년대에 리사 버크만 박사는 "인간관계가 단절되고 사회에서 고립되면 죽음이 앞당겨지기도 한다"는 것을 입증하는 연구 결과를 발표하였다.

새뮤얼 존슨은 교수형이 확정되면 사형수들이 놀랍도록 내면에 집중한다는 것을 발견했다. 위대한 업적을 이룬 사람들의 공통점은 관심 있는 대상에 지속적으로 집중하고 집요하게 노력했다는 것이다. 요컨대 혼란에서 벗어나 초점을 가지고 있었다는 것이다. 집중하고 노력하려면 삶의 우선순위를 정하고, 자신의 한계를 인정하는 것이 중요하다.

여유는 변화의 윤활유

자원이나 공간을 100% 사용하는 것이 마치 최적화된 것처럼 보이지만, 이는 여유를 없애 유연한 적응을 할 수 없게 만든다. 여유는 얼마간의 자유도를 의미하며 변화와 재창조를 가능하게 만든다는 것이다. 변화와 재창조를 이루기 위해서는 촉매 성분이 필요한데 그 촉매 성분이 여유이다. 여유는 바쁘지 않은 시간을 뜻한다. 여유는 변화의 윤활유이다.

우메하라 가쓰히코는 일본의 회사 에이원정밀의 창업자이다. 이 회사는 37년간 연속 35% 이상의 놀라운 이익률을 거두었으며 제9회 일본 기업가상을 수상하였다. 그의 회사는 일본에서 가장 수익률이 높은 공장이었다. 37년 동안 경상이익을 꾸준히 올렸는데 37년간 경상이익률의 평균은 41.5%였다.

그의 회사는 수요에 맞추어 적정한 재고를 보유하고 공장 가동률을 70%로 맞추었다. 우메하라는 재고에도 좋은 재고가 있고, 나쁜 재고가 있다는 것을 알았다. 좋은 재고는 어느 정도 보유하는 것이 바람직하였고 이는 짧은 납기를 가능하게 해주었다. 좋은 재고는 일종의 여유였다. 기계가동률을 70%로 하여 30%의 여유를 두었는데 그 이유는 급한 주문에 대응하기 위해서였다. 제조회사에서 품질이나 납기나 좋은 서비스에는 여유가 절대로 필요하다는 것이다. 여유가 있어야 초점을 제대로 맞출 수 있는 것이다.

지혜란 멀리 떨어져 보는 것을 아는 기술

경영 컨설턴트인 톰 드마르코는 "대단히 성공적인 기업들은 그다지 바쁘다는 인상을 주지 않는다"라고 말했다. 성공적인 기업들은 오히려 그늣한 편이었다는 것이다. 여유가 없이는 변화에 대응할 수 없다는 사실이다. 심리학자 윌리엄 제임스는 "지혜란 멀리 떨어져 보는 것을 아는 기술이다"라고 말했다. 이는 거리를 두는 것 즉 여유로움이 매우 중요하다는 것이다.

여유를 완전히 제거하여 조직을 효율화하는 것은 업무 반응도에 손실을 가져오고 결과적으로 조직을 느리게 만든다. 조직을 효율화하는 것 즉 조직에서 여유를 제거하는 방식은 위험하다는 것이다. 회사에서는 작업전환에 따른 시간과 다시 몰입하기 위해 필요한 시간 등이 발생한다. 서두르는 것이 실제로는 느려지는 결과로 나타날 수 있다. 건강한 기업에는 여유가 있고 그러한 여유에서 의사소통이 이루어진다. 보다 신속한 반응을 하고 민첩한 것은 조직에서 필수적인 요소들이다. 변화할 수 있는 능력은 필수적인데 변화는 여유가 있을 때 가능성이 높아진다. 여유를 갖는 것은 일종의 투자이다.

새 제품을 개발할 수 없는 것은 바쁘기 때문

창조에 필요한 가장 중요한 자원은 여유이다. 기업이 새로운 제품을 개발할 수 없는 것은 대개 직원들이 엄청나게 바쁘기 때문이다. 경영 컨설턴트 톰 드마르코에 의하면, '시간을 최소화'하면서 동시에 '비용을 최소화'라는 것은 불가능하다는 것이다. 여유가 없을 때 그 결과는 스트레스로 나타난다. 스트레스가 문제일 때 해결책은 여유이다. '빨리 빨리' 조직에는 끊임없이 지속되는 압박감이 존재한다. 과도한 압력은 생산성을 악화시킨다.

스트레스로 인해 조직은 무능력해진다는 연구결과가 있다. 조직에서 지나친 압력은 의욕 상실, 극도의 피로, 핵심 인력을 잃는 결과를 가져온다는 것이다. GE의 정책을 살펴보면, 모든 관리자를 매년 평가하여 하위10%를 해고하도록 되어 있다. 이는 엄청난 스트레스의 원인이 되며 경쟁력을 파괴하는 요인이 될 수 있다. 임직원들이 협조하지 않고 치열한 경쟁만을 조장할 수 있고 창조적인 발상이 저해될 수 있는 것이다.

모델의 수를 줄이고 핵심에 집중함으로 성공

기업에서 제품이나 서비스의 품질은 시간을 필요로 한다. 질과 양 사이에는 반비례 관계가 존재한다는 사실이다. 품질 개선을 위해서 가장 중요한 활동은 중요하지 않은 많은 제품이나 부분을 과

감히 버리는 것이다. 애플컴퓨터는 제품의 수가 계속 증가하자 수익성이 악화되었는데, 스티브 잡스는 아이맥 모델의 수를 대폭 줄이고 핵심 제품에 집중함으로써 애플을 다시금 성공하게 했다.

최소한의 낭비로 해내는 것을 효율적이라고 하고, 그 일을 제대로 해내는 것을 효과적이라고 한다. 효율과 효과 사이에서 하나의 선택을 한다면 효과를 선택해야 한다. 기업들은 효율을 선택하는 어리석은 결정을 하는 경우가 많다. 이는 '목표관리'라는 경영기법 때문이다. 목표관리는 MBO라고도 한다. 이 기법의 다른 잘못된 가정은 크고 복잡한 대상의 순기여도를 하나의 지표로 합리적이고 정확하게 측정할 수 있다고 생각한다는 점이다. 소련에서 MBO가 실행되었을 때 못의 생산량은 늘어났음에도 공장은 아주 작은 크기의 못이 많아졌고 전반적인 생산은 떨어졌다는 사실이다. MBO는 과거 공산주의의 계획경제와도 같은 것이다. 통계적 품질관리의 창시자 에드워즈 데밍은 MBO를 강하게 비판했다.

열심히 일하니까 적자가 되는 것이네

사카마키 히사시는 일본 캐논전자(주)사장으로 그는 1967년 캐논에 입사, 연구개발부에서 근무를 시작하여 여러 부문에서 경력을 쌓았다. 1996년 상무취체역 생산본부장 등을 거쳐 1999년 캐논전자 사장에 취임했다. 그는 취임 5년 만에 이익을 10배 이상 신장시키고 캐논전자를 고수익 기업으로 개혁하여 주목받았다.

사카마키가 캐논 본사에서 일할 때 그의 사업부는 매일 야근을 했지만 적자에서 빠져나올 수가 없었다. 당시 상사는 "자네들이 그렇게 열심히 일하니까 적자가 되는 것이네. 열심히 하던 것을 멈추면 흑자가 될 걸세"라고 말했다. 사카마키에게 이 한 마디가 엄청난 힌트를 주었다. 잔업과 휴일근무를 중지하자 생각할 여유가 생겨났고 아이디어가 나왔으며 결국 흑자로 돌아설 수 있게 되었다. 여유는 적자를 흑자로 바꿀 만큼 매우 중요한 것이다.

여유는 안전성을 보강한다

변화 특히 중요한 변화는 재창조를 수반한다. 재창조는 여유를 가진 사람만이 가능한 기능이다. 모든 내부 경쟁은 파괴적이다. 경쟁적인 긴장감은 재창조를 방해한다. 학습과 변화는 밀접한 관계가 있다. 재창조와 학습은 시간을 필요로 하고 여유를 필요로 한다. 여유는 마음의 여유를 의미한다.

성공적인 변화를 위한 필수 요소는 안전성인데 여유는 안전성을 보강한다. 학습은 의미 있는 변화를 가져오는 핵심적인 활동인데 학습에는 두려움이 필수적으로 수반된다. 필수적인 변화를 위해 요구되는 것은 안전하다는 느낌인데 여유는 그것을 도와준다. 성장은 항상 변화를 필요로 한다.

현실 생활에서 여유를 가진 속도는 사고를 막아주어, 더 빨리 도착하게 해준다. 신중한 속도로 나아갈 수 있도록 도와주는 것이 여유이다. 효율성이 가장 중요한 것은 아니며 효과성이 더 중요하다. 심리학자 칙센트미하이에 따르면, 몰입 경험을 가장 많이 하는 사람은 책을 많이 읽고 TV를 적게 보는 사람이었다. 중요한 것은 실력을 높이고 정신력을 향상시켜 경쟁력을 갖추면서 행복을 이룩하는 일이다. 인간은 무엇인가 성취하는 데에서 행복감을 느끼게 된다. 창의성은 정신 활동으로서 통찰력이다. 몰입은 여유로움이 필요하다.

신통치 못한 것을 버리는 능력이 필요

수학의 천재성은 20대에, 물리학의 천재성은 30대에 절정에 이를 수 있지만 위대한 철학은 대개 생의 후반에 성취된다고 한다. 노벨 경제학상을 받은 조지 스티글러는 "7천 명의 구독자들 중에서 15명만이라도 자세히 읽는 기사가 있다면 그 해의 톱기사감이지요"라고 말했다. 남을 만족시키는 성취는 그만큼 어렵다는 것이다. 조급하게 성취하려 하는 것은 실패의 요인이다. 여유는 오히려 성취의 원동력이 된다. 발명가 제이콥 라비노는 "창의적인 사고를 위해서는 많은 양의 정보를 갖고 있어야 한다. 뭔가에 흥미를 느끼면 기꺼이 사고를 끌어내고 생각한 것들 중에 신통치 못한 것을 버리는 능력이 필요하다"라고 말했다. 여유는 '신통치 못한 것을 버리는 능력'에서 나온다.

창조성이 높은 사람들은 다양한 호기심이 있는데 이들은 내향성, 외향성 등 양극성을 함께 갖고 있다는 특징이 있다. 그들은 다양한 사고를 하며 다른 관점으로 전환하는 융통성을 갖고 있다. 창의성은 특별한 연관성을 발견해내는 능력이다. 심리학자 도널드 캠벨은 "새로운 발견을 하는 학자와 그렇지 못한 학자의 차이는 호기심의 차이"라고 강조했다.

창의적 해결책은 원리에 대한 지식이 큰 역할

창의적인 해결책은 과학 원리에 대한 해박한 지식이 큰 역할을 한다. 창의적 사고는 긴장감으로 채워진 틈새에서 발전한다. 창의적인 사람의 한 사람인 라이너스 폴링은 제자들에게 "많은 생각을 하고 그 중에서 나쁜 것을 버려야 한다"라고 충고했다. 여러 가능성 중에서 선택하고 버리는 결정은 여유를 만드는 것이며 이는 창의적인 사람들의 성향이다.

호기심은 창의적인 삶에서 무엇보다 중요한데 이는 끊임없이 나아지려는 욕구이다. 1977년 여성으로 노벨 생리의학상을 받은 로잘린 앨로는 "나는 항상 배우는 것을 좋아했고, 항상 배운 것을 활용하는 일에 관심을 가졌다"고 자신의 성공을 설명했다. 창의적 인물들의 뚜렷한 성향은 연구 자체에 즐거움을 느끼고 몰두하는 것이다.

창의력은 나이가 많아도 종종 나타난다. 노벨상 수상자인 91살의 라이너스 폴링은 70-90살 사이에 이전 20년보다 두 배나 많은 논문을 발표했다. 작곡가 베르디는 80살에 그의 최고 걸작 중 하나인 폴스타프를 작곡했다. 벤저민 프랭클린은 78살에 다초점 안경을 발명했다. 미켈란젤로는 89살에 바티칸의 대성당에 눈부신 프레스코 벽화를 그렸다.

장애가 되는 것은 쉽게 주의가 산만해지는 것

창의성은 새로운 방식의 시각, 관점을 변화시키는 활동이다. 창의성에는 집중하고 몰두하는 능력이 필요하다. 창의성에 장애가 되는 것은 쉽게 주의가 산만해지는 것이다. 미국 청소년들은 일일 평균 6.5시간을 전자기기에 주목한다고 한다. 스마트폰에 열중하는 학생은 우등생이 되기 매우 어렵다는 사실이다. 이는 산만해지는 요인이며 자제력이 부족하거나 태만한 성향이다. 중요한 것은 주의력을 조절하는 능력이다. 창의적 인물들은 호기심이 가득차 있으며 이들은 외부의 새로운 것들에 끊임없이 놀라워한다.

성공한 경영인들의 공통점은 열정을 지니고 있다는 것이다. 무엇인가에 몰두하는 상태는 행복한 경지이다. 좋은 책을 읽는 것은 몰두하는 경험을 많이 할 가능성이 높다. 이른바 독서 삼매경을 경험하는 것이다. 종교개혁가였던 장 칼뱅은 "근면한 생활을 통해 잘살게 된 사람은 천국행이 예정되어 있다"고 말했다. 이는 삶에서 자신의 일에 몰두하고 전념하는 것이 큰 의미가 있다는 것을 지적하는 것이다. 의미를 지닌 삶의 추구는 초점이 있고 동기를 부여한다.

경영학자 워런 베니스는 "자기관리야말로 최고경영인의 십계명 1호"라고 말하였다. 중요한 것은 자신의 우선순위를 정하고, 그것을 철저히 고수하는 일이다. 이는 혼란을 버리고 초점을 맞추어 매진하는 것을 의미한다. 심리학자 윌리엄 제임스는 "습관이야말로 인간 심리의 가장 중요한 요소"라고 밝혔다. 혼란한 세상에서 초점을 맞추는 습관을 갖는 것은 매우 중요한 능력이다.

11

우수한 기업들-2

미래산업

정문술은 1938년생으로 전북 임실에서 태어나 1983년 미래산업을 창업하고 1999년 'SMD마운터' 개발에 성공하여 세계적인 기업으로 성장시켰으며, 2001년 은퇴를 선언하여 놀라움을 주었다. 그는 자신의 경험을 저서를 통해 알려주었다. 정문술은 원광대학교 종교철학과를 졸업했다. 중앙정보부에서 18년간 공직생활을 했고 80년5월 강제퇴직을 당했다. 풍전기공을 인수했으나 실패하고 2년 뒤 미래산업을 설립해 결국 한국 최고의 벤처기업으로 육성했다.

필요한 사람은 내 손으로 키워서 쓴다

창업 10년이 된 1993년에 미래산업은 천안의 새 공장으로 이주했는데 준공식도 없었고 창립기념일도 없었다. 정문술은 허례허식을 매우 싫어하였고 오직 기술개발이라는 기업의 핵심에만 진력하였다. 그에게는 원칙이 하나 있었다. '필요한 사람은 내 손으로 키워서 쓴다'는 것이다. 그는 연구원들을 채용하면서 반드시 지켜야 할

세 가지 원칙을 말했다. '첫째, 연구목표는 여러분들 스스로 정하라. 둘째, 연구비용은 절약하지 말라. 셋째, 나에게 업무 보고를 하지 말라'였다.

무슨 일을 할 것인지조차 스스로 판단하고 결정하라는 것이 그의 경영방침이었다. 미래산업에는 사훈이 없었다. 정문술은 사전보고와 사전결재를 하지 않았다. 그에게 보고는 일의 속도를 지연시킨다는 것이고 중요한 것은 행동이었기 때문이다. 그는 기술개발에 가장 필요한 것은 상상력과 창의성이라고 생각하였다. 그 전제에는 철저한 신뢰가 있었다. 그는 "연구개발에는 열 번의 실패와 한 번의 성공이 있다"고 말했다.

사회에 가장 필요한 것은 '신뢰'

1994년 정문술은 충남기업인 대상을 수상했다. 그는 TV를 보다가 서울시장이 "나는 수돗물을 먹지 않는다"라는 대답을 하는 것을 보았다. 정문술은 "시장이 수돗물을 먹지 않으니 수돗물을 믿지 못하는 것이다"라고 생각했다. 그는 수돗물을 먹는다. 그는 우리 사회에 가장 필요한 것은 '신뢰'라고 생각하였고 기업 경영에서도 신뢰를 매우 중시하였다.

미래산업은 직원들에게 봉급을 많이 주었다. 보너스는 연800%인데 '총수령액'의 800%였다. 연구직의 과장급 이상은 회사에서 승용차를 지급하였다. 직계가족과 장인, 장모의 병원비도 회사에서 부담하였다. 정문술은 "직원복지는 회사에 재투자하고 남은 돈에 대한 직원들의 권리"라고 생각하였다.

정문술은 회사이름으로 기부금을 내지 않았다. 기업이 번 돈을, 기업 안에서 잘 쓰는 것이 진정한 자선사업이라고 생각하였기 때문이다. 그는 "나는 연구비용을 마련하기 위해 사업을 한다. 최고의 사회봉사는 기술개발이다"라고 말하였다.

정문술이 군복무 중이던 1961년에 5.16쿠데타가 일어났고 그는 제대하자 중앙정보부에 채용되었다. 1976년7월 그는 부이사관으로 승진했다. 그곳에서 18년간 근무하였는데 10.26사태와 함께 보안사령부가 득세하면서 1980년5월 간부급만 수십 명 해고통보를 받았다. 그 해고자 명단 속에 정문술의 이름이 포함되었다.

기술력의 중요성을 가르쳐

43세의 강제퇴직은 정문술에게 혹독한 경험이었다. 함께 해직당한 사람들 중 그와 잘 지내던 4명이 있었는데 두 명은 사업실패로 자살하고, 다른 한 명은 사업 실패로 매우 곤궁해졌고, 나머지 한 친구는 금융불량거래자가 되었다. 공무원 시절 정문술의 운전기사였던 부하직원의 소개로 풍전기공의 사장을 만나게 되었고, 정문술은 동업조건으로 2천만 원을 투자하였다. 퇴직금의 절반이었다. 그 회사는 껍데기뿐이었다. 그 와중에 옛 은사의 소개로 백정규를 만났는데 그는 정문술에게 기술력의 중요성을 가르쳐주었다.

정문술은 금형사업을 시작했고 시오이 세이치라는 일본인 퇴역 기술자를 초빙했다. 금형제작은 고도의 기술을 필요로 하는 대신에 사업적 안정성이 없었다. 항상 새로운 작업을 해야 하기 때문에 가속도가 붙지 않았다. 면도기 제조업체에 금형을 납품하였는데 A/S

요청만 쇄도하고 잔금은 치러주지 않았다. 금형을 필요로 하는 것은 대부분 부품생산 공장들인데 다른 기업의 하청업체들이었다. 정문술은 하청업체의 하청업체가 되는 셈이었다.

정문술은 금성전기와 거래를 하게 되었는데 여러 가지 구실로 자금을 떼어 먹히고 금형을 빼앗기기도 했다. 사기로 시작해서 배신으로 끝났던 그의 첫 사업이었다. 정문술은 풍전기공을 포기했다. 그 후 새로운 아이템을 고민하면서 2년이 흘렀다. 결론은 반도체였다. 반도체 산업체는 세 가지로 나눌 수 있었다. 첫째, 반도체 생산업체, 둘째, 원부자재 공급업체, 셋째, 반도체 제조장비 공급업체다.

3개월도 채 되지 않아 시장을 장악

정문술은 부천에서 '미래산업'을 시작했다. 총자본금 8천만 원에 직원 6명으로 1983년2월이었다. 그는 '리드 프레임 매거진'의 시장 현황을 분석하였다. 가장 큰 문제는 정밀도와 내구력이었다. 그는 조립하지 않고 통째로 금형으로 찍어버리는 방식을 택하였고 결국 3개월도 채 되지 않아 시장을 장악했다. '리드 프레임 매거진'이 그의 첫 성공이자 미래산업의 첫 성공이었다.

매거진의 성공으로 회사가 안정되자 정문술은 반도체 웨이퍼 검사장비를 개발하기로 하였다. "승부근성과 도전정신이야말로 내가 인정하는 진짜 벤처 정신이다"라고 정문술은 말했다. 미래산업의 엔지니어들은 야전침대까지 갖다 놓고 열심히 일했다. 정문술은 조카 곗돈까지 끌어다가 연구비로 쏟아 부었다. 회사 사정은 엉망이었다. 몇 년이 지나도록 눈에 보이는 성과가 없었는데 기술개발주식회사(현재 한국종합기술금융)의 7억 융자가 떨어졌다. 무인 웨이퍼 검사장비의 개발에 18억 원을 투자하였으나 결국 실패하였다.

한 단계 낮은 기술

파산이 눈앞에 다가온 시점이었다. 정문술은 성공 가능성이 도저히 없자 자살할 결심을 하게 되었다. 그는 소주 한 병과 수면제를 챙겨들고 청계산에 올랐다. 4년 동안 18억을 쏟아 부어가며 축적한 기술이 아까웠다. 그는 약병을 내던지고 내려왔다. 그는 한 단계 낮은 기술인 '핸들러'를 개발하기로 하였다. '반도체 테스트 핸들러'였다. 여러 개의 반도체를 한꺼번에 정돈시켜 검사소켓에 정확하게 접속시킬 수 있는 보조장치를 '탄창'에서 아이디어를 얻었다. 결국 개발하였다. 개발에서 근본적인 해결책은 정문술의 머리에서 나왔다.

미래산업 설계팀장 김두철이 그려 온 핸들러 설계도로 최초의 핸들러를 만들었다. 일본 제품보다 훨씬 생산량이 높게 나왔고 S사는 3대를 주문했다. S사의 구매부장은 미래산업의 설계도를 다른 회사에 내주면서 동일한 조건의 오더를 내렸는데 이를 알고 정문술은 강력하게 항의하였다. S사 담당이사가 그 간부를 문책하였고 최대한 미래산업의 기득권을 인정하였다.

세계경쟁력이 부족한 이유는 근시안 때문

정문술은 대기업의 생리라는 것을 다시 절감했다. 정문술의 경험에 의하면, 한국의 대기업들은 '윈-윈 관계'를 원하지 않고 지배와 복종 관계를 원했다. 실익은 없지만 없어서는 안 되는 '계륵사업'은 중소기업에 넘기고 납품을 받으면 제값을 쳐주지 않았다. 정문술은 "한국 기업들에게 세계경쟁력이 부족한 이유는 장기적인 이익을 도모할 줄 모르는 근시안 때문이다"라고 말했다. 그 결과 덩치는 크지만 속빈 강정이 되고 만다는 것이다. 미래산업은 법인전환 이후 어음을 발행하지 않았다. 하청업체들에게 납품을 받은 다음 달 전액을 현금으로 결제했다.

미래산업은 국내에서 핸들러 분야의 선두주자가 되었다. 핸들러의 정밀한 온도조절은 참으로 어려웠다. 현장에서 가동하던 핸들러가 말썽을 부려 모두 수리해주었고, 문제가 반복되던 제품들을 모두 새것으로 교환해줌으로써 겨우 상황이 수습되었다. '트랜지스터 테스트 핸들러'로부터 '메모리 테스트 핸들러'까지의 숨막히는 성공이 미래산업을 일으켰다. 그 이후 핸들러는 성능이 꾸준히 개선되었고 신모델도 계속 출시되었다. 적어도 '가격 대 성능비'에서는 미래산업의 핸들러는 세계 최고라고 자부할 수 있었다.

정문술은 기술 향상을 앞당기기 위해 미국의 테라다인과 합작계약을 추진하였는데 그들은 핵심기술만은 절대 줄 수 없다고 버티었고 결국 결렬되었다. 그는 눈높이를 낮춰 2년 후 '번인 테스터'를 개발하였다. 미래산업의 1992년도 매출액은 30억 원, 3년 후인 1995년 매출액은 318억 원, 1996년은 454억 원, 1997년 615억 원이었다.

능력을 꾸준히 계발 않는 직원은 쓸모 없다

운동이나 이벤트를 좋아하지 않는 기업문화가 미래산업의 성장 밑천이라고 정문술은 생각하였다. 미래산업에는 기술력 하나만 자신 있을 뿐 관리면은 취약하였다. 정문술이 자율과 방임의 기업문화를 원하는 것은 두 가지 이유 때문이었다. 하나는 자율과 방임 속에서 진정한 창조성이 나온다는 믿음이고, 다른 하나는 미래산업이 즐거운 회사가 되기를 바라는 개인적인 바람이었다.

정문술은 "연구직은 기술개발에 최선을 다하는 것이 제일이다. 연구에는 상상력이 중요하다"라고 말했다. 그는 관료제도의 경직성 즉 '전통'과 '합리'라는 비능률을 경험하였다. 정문술은 "벤처의 생명은 기술이며 자율이 창의력을 꽃피운다"라고 말했다. 미래산업은 매출액의 13%를 연구비로 썼다. 미래산업에서 회의는 필요한 사람만 참석하고, 회의의 간소화, 최소화, 기능화를 중시하였다. 조직은 단순해야 좋다는 것이다. 미래산업에는 직원수가 300명이 조금 넘었다. 그중 1/3이 연구원이었다. 미래산업은 복지회사를 추구하였는데 정문술은 "가장 고급한 복지는 교육이다. 자신의 능력을 꾸준히 계발하지 않는 직원은 쓸모가 없다"라고 말했다.

'거꾸로 경영'은 상식을 추구하자는 것

정문술이 추구하는 '거꾸로 경영'은 상식을 추구하자는 것이었다. 그는 아이디어들을 민첩하게 포착해서 기술개발로 연결시켜야 한다고 생각했다. 그가 말하는 '양질전화'의 원리는 '양적인 것들이 충분히 쌓여야 어느 순간 질적인 변화가 생긴다'는 뜻이다. 그의 '거꾸로 경영'에 입각해서 믿음과 자율, 도덕은 회사의 기본이었다. 기업내에 믿음이 확보되면 자율이 생겨나고 기업을 경영할 수 있다는 것이다. 그는 기업에 잉여가 있으면 재투자하고 직원들에게 분배하였다. 그에게 기업이 도약하고 성장하는 방법은 더 열심히 기술개발하고 더 열심히 인재를 키워내는 것이었다. 정부의 도움이 없이도 기업 자체의 능력과 판단만으로 거듭나야 한다고 그는 생각했다.

미래산업은 1997년도 최우량기업으로 선정되었다. 정문술은 "우리 기업들의 가장 큰 문제점은 불신이다"라고 말했다. 그는 월급 외에는 한 푼도 회사돈을 마음대로 쓰지 않았다. 미래산업에는 '빽'으로 들어온 사람이 없었다. 친인척 고용이 철저하게 금지되어 있는 것이다. 그는 자신이 나이 들어 사업가로 성공할 수 있었던 것은 남들과 다르게 생각하고 틈새를 개척하는 '거꾸로 경영'뿐이었다고 생각했다. 그에게 사업에 안정이란 없으며 끝없는 도전과 승부가 있을 뿐이었다. 그의 기업경영 핵심은 창의력이었다. 그가 기술개발에 과도할 정도로 집착하고 '헝그리 정신'을 강조하는 것은 그것이 생존의 열쇠이기 때문이었다.

기술 개발에 목숨까지 걸었던 이유

정문술은 비서가 없었다. 그는 스케줄 관리를 직접하며, 전화도 직접 받고, 직접 걸었다. 운전도 직접 했다. 그는 기술개발에 몰두하는 재미로 사업을 했다고 한다. 1983년에 창업했지만 매출이 나기 시작한 것은 1990년부터였고, 흑자는 1991년부터였다. 정문술은 기술을 개발하면서 기술 부재의 비애를 뼈저리게 경험하였다. 그가 기술 개발에 목숨까지 걸었던 이유가 그것이었다. 그는 사업가라기보다 기술개발 중독자였다. '반도체 테스트 핸들러'를 개발할 때, 그는 기술 개발비를 조달하고, 기타 잡무를 처리해 놓고, 필요한 자료를 수집해 오는 것이 그의 일이었다.

SMD마운터를 개발하던 3년 동안 미래산업의 총매출은 1,204억 원이었다. 마운터 개발에 투자한 자금은 367억 원이었다. 총매출의 30%를 단 한 종류의 기술개발에만 쏟아 부은 셈이었다. 특히 1997년도에는 반도체 경기의 불황 때문에 600억 원대의 연매출이 117억 원으로 급감했다. 미래산업은 그 해에 매출액을 넘어서는 130억 원을 개발비로 쏟아 부었는데 말 그대로 목숨을 걸었던 것이다. 미래산업의 마운터는 로스앤젤레스에서 열린 '에이팩스쇼'에서 최고상인 'Vision Award'를 수상했다.

원칙주의자였다

마운터 개발을 책임진 '미래연구소'를 분당에 설립하였는데 연구소장은 30억 원을 호가하는 설계 소프트웨어의 구입을 추진하였다. 결국 그것을 구입하게 되었는데 이 지출과 연구소의 많은 비용 지출 때문에 불만을 가진 재무이사가 퇴사하게 되었다. 결국 3년만에 마운터를 만들어냈다.

정문술은 미래산업에서 지시사항이나 캠페인을 만들지 않았다. 그는 원칙주의자였다. 그는 사적인 용도로 회사 자동차를 쓸 때는 개인카드로 주유를 했다. 주변 사람들을 그를 너무 한다고 타박했지만 그는 원칙을 지키려고 했다. 정문술은 기술을 미국으로부터 도입하는 계약을 한 것이 사기를 당해 400만 불을 손해 보았다. 그는 사이버증권사를 만들자는 사람, 신개념의 PC통신사를 만들자고 한 사람들에게 당하기도 하였으며 회사에 손실을 끼친 경우도 꽤 있었다고 한다.

8할만 추구하면 좋은 만족할 줄 아는 욕망

2001년 정문술은 개발에 성공한 'SMD마운터'가 세계 시장에서 호평을 받고 있었을 때 은퇴를 결심했다. 법인카드 한 장을 반납하는 걸로 퇴임절차는 끝이었다. 그는 '비상근상담역'이라는 직함을 받아들였다. 그는 재산을 사회에 돌려주겠다고 결심했다. 그리고 KAIST에 300억 원을 기부하였다. 2003년 KAIST에 '정문술 빌딩' 준공식이 있었는데 그는 불참했다. 허례허식이라고 생각했기 때문이다.

정문술은 어렸을 때 '없음'의 극한을 경험했던 사람이다. 그는 "만사 8할만 추구하면 좋은데 만족할 줄 아는 욕망이란 없다는 사실이다"라고 말했다. 그 스스로 욕망을 자제하면서 정도를 걷고자 하였던 것이다. 그는 직원을 선불리 해고해 본 적이 없었다. 그는 고향의 모대학에서 명예박사학위를 수여하겠다는 제안, 학교법인의 이사장을 맡아달라는 제안 등도 정중히 사양했다.

몰락할 지경이라면 '벤처 정신'의 타락 때문

정문술은 "한국 벤처가 정말 몰락할 지경이라면 그것은 바로 '벤처 정신'의 타락 때문이다"라고 말했다. 그는 지난 96년에 미래산업을 증시에 상장하였다. 어느 날 본사의 책임연구원이 사직서를 내밀었다. 그와 더불어 연구소의 '3인방'이 차례로 정문술을 찾아와 사직서를 제출했다. 그들은 그가 가장 아끼던 연구원들이었다. 세 사람은 퇴사하자마자 주식을 처분하고 합쳐 회사를 차렸는데 미래 산업의 최첨단 기술을 가져갔다. 결국 그 회사가 도산 직전에 몰렸다는 소식이 들려왔다. 신념과 열정의 총합 가치는 주식의 총합 가치보다 훨씬 값진 것이라는 것을 그는 깨달았다.

정문술은 "경영에 있어 사람이 가장 중요하다"라고 말했다. 그에게는 작은 기업이라도 이윤을 내고 종업원 생계를 보장하고 진취적인 기업문화를 실천하는 기업이 된다는 것이 중요하였다. 그는 은퇴사에서 "부디 착한 기업을 만들어 주십시오"라고 말하였다. 그에게는 원칙을 중시하는 정신력과 기술을 개발할 수 있는 실력이 결정적 경쟁력이었다.

주켄공업

마츠우라 모토오는 일본의 주켄공업 최고경영자이다. 그는 1935년생으로 아이치 대학 법경학부를 졸업하였으며 1965년 주켄공업을 설립하였고 현재 대표이사이다. 주켄공업은 선착순 채용, 무서류 계약 등 독특한 경영 방식과 첨단 아이디어로 극세정밀 부품 분야에서 일본 최고의 제조업체가 되었다. 최근에 세계 최초로 100만분의 1그램짜리 톱니바퀴를 제조하여 세계를 놀라게 하였다. 그는 저서를 통하여 생생한 경험을 전달해주었다.

100만분의 1그램의 톱니바퀴는 세계적 기술력

마츠우라가 경쟁하는 종목은 품질과 기술개발이었다. 저렴한 가격이나 규모의 확대, 다품종 생산은 그의 경쟁종목이 아니었다. 주켄공업은 일본의 초정밀, 초소형 부품, 초정밀 3차원 곡면 부품, 극세 구멍 등 디지털 가공 기술에 의한 부품 생산에서 타의 추종을 불허하였다. '주켄'은 '플라스틱을 연구한다'는 뜻으로 명명한 것이다.

매출은 약30억 엔 정도다. 금형과 사출 성형기도 모두 회사에서 직접 개발했다. 주켄공업이 개발한 100만분의 1그램의 톱니바퀴는 세계적인 기술력임을 증명하였다. 마츠우라는 마이크로 머신이나 의료기 분야에도 진출하려고 계획하였다.

이 회사는 사원이 총90명이다. 해외에는 11개의 합작기업, 13개의 공장이 있고 합작기업은 생산 거점으로 활용하고 책임자는 모두 현지인이다. 마츠우라는 현지 기업과 어떤 약정서도 없이 모두 구두 계약으로 일을 진행하였다. 모두 전화나 메일 등 간편한 방법으로 일을 처리하여 왔다. 마츠우라에게 기업의 능률은 생산성을 뜻하였다. 필요없는 규칙은 생산성을 방해한다는 것이다. 그는 출근부도 만든 적이 없다. 자주 출장을 가는 직원들은 모두 신용카드로 처리하며 출장비용은 정산이 없이 카드 명세표로 대체되었다. 할 일에 전념하는 것이 생산성의 기본이었다.

채용은 선착순으로

마츠우라는 30세에 창업했는데 6명이 창업 멤버였다. 그가 처음 시작한 사업은 종묘 화분이었는데 제품이 시장에 알려져서 팔리기 시작하자 한 대기업이 다른 방법으로 종묘 화분을 만들어서 초저가에 출시하였고 그는 완전히 참패하였다. 모든 일은 1년 반 만에 일어났다. 일본도 대기업과 중소기업간의 알력은 한국과 큰 차이가 없었다.

마츠우라는 운이 좋아 어느 기업가와 인연이 되었고 그와 거래를 시작하여 사업을 재기할 수 있었다. 1960년을 지나면서 일본은 고도 성장 시대로 돌입하였다. 1973년에 석유파동이 터져 충격이었다. 주켄공업은 개성 있는 인간들의 집합소였다. 채용은 선착순으로 하였다. 첫 월급은 나이에 따라 약간의 차이만 두었다. 나머지는 본인의 노력에 달려 있다는 것이다. 중졸자, 고졸자, 중퇴자, 한국인, 중국인, 남자나 여자 누구든 평등하였다.

'기업 합리화'란 육체노동에서 두뇌노동으로

마츠우라에게 '기업 합리화'란 사람을 줄이는 것이 아니라 육체노동에서 두뇌노동으로 이동시키는 것이었다. 그의 회사는 1972년에 토요일 휴무제를 시작했다. 그의 목표는 '하루 7시간 노동'을 빨리 정착시키는 것이다. 그는 무슨 일이든지 신고로 끝냈다. 국내, 해외 출장도 신고만 하면 되고 결재를 받지 않았다. 모든 것은 자신이 관리하고 각자 스스로 책임지는 것이다.

사원은 퇴사 후에 재입사도 자유이며 대환영을 받았다. 회사의 한 직원은 암에 걸려 3년 반을 현장에서 떠나 있었는데 마츠우라는 월급, 보너스 등 모든 급여를 전액 지급했다. 어쩔 수 없는 입원 등의 사유로 장기 결근을 해도 감봉하지 않았다. 회사는 안심할 수 있는 요새여야 한다는 것이다. 주켄공업에는 중역회의가 없다. 자유스러운 대화가 있기 때문이다.

주켄공업은 컴퓨터화를 빨리 했다. 금형 공장은 한꺼번에 NC화가 진전되었다. 마츠우라는 기술을 어떻게 이해하느냐에 따라서 회사의 실적이나 규모가 달라진다고 생각하였다. 그가 가장 힘을 쏟는 분야는 기술 개발이었다. 주켄공업의 개발에는 나름의 원칙이 있었다. '1. 계획서는 쓰지 않는다. 무엇보다 목적은 신기술 개발이며 일정을 작성하면 그것을 지키는 것이 목적이 되어 일정을 작성하지 않는다. 2. 개발 책임자는 없고 여가를 이용하여 개발한다. 3. 개발 방향성도 없다. 4. 예산은 무제한이며 개발이 끝날 때까지 지원한다'는 것이다.

장인의 기술이란 모든 신경을 집중하는 자세

주켄공업에서는 점심을 먹으면서 이야기한 것이 그대로 개발 계획과 행동으로 발전하였다. 장인의 기술이란 모든 신경을 집중하는 자세가 필요하기 때문이다. 주켄공업에서는 유학을 자유로 갈 수 있는데 휴직 처리하므로 급여는 지불하지 않는다. 마츠우라는 해외 출장을 다녀오고 나서 외국어가 필수라는 것을 절감했다.

마츠우라는 그의 회사에서 설계하고 제작하는 소형 성형기는 성능면에서 세계 제일이라고 자부하였다. 성형기의 설계는 기계 부문과 동력 부문으로 나뉜다. 그는 라인화를 하지 않고 전체적인 이해를 기반으로 시작부터 완성까지 맡는 방식을 택하였다. 라인화하여 업무를 분할하면 작업이 고리타분해져 전체적인 이해가 어렵게 되기 때문이다. 주켄공업의 기계는 500만-3,000만 엔 정도의 고가품이며 절대로 할인은 없는 것이 원칙이었다. 회사에서는 신기종에 대하여 2년간 공장에서 철저히 엄격하게 검증 절차를 거친 다음에 판매하기에 고장이나 애프터서비스는 발생하지 않았다.

기본이란 이렇게 단순한 것들이야

주켄공업에서는 업무 능력이 뛰어난 사람, 솜씨가 좋은 사람, 판단력이 뛰어난 사람이 진급하였다. 마츠우라는 젊었을 때 재즈 트롬본 연주자였다. 낮에는 고등학생, 밤에는 트롬본 연주자의 생활을 계속하였다. 그는 연주하는 장소인 무도장의 상무의 말에 힘입어 아이치대학 법경학부에 들어갔다. 당시 일본 제일의 트롬본 연주자는 히가시모토 야스히라였다. 그는 마츠우라에게 단순한 트레이닝만을 하게 했다. 그는 "왜 이렇게 단순한 연습만 시킵니까?"라고 물었다. 야스히라는 "기본이란 이렇게 단순한 것들이야, 기본을 제대로 익히는 것은 마음이나 정신이 아니라 형식이야"라고 말했다.

마츠우라는 약7년 정도 밴드 생활을 하였다. 그는 밴드 생활에서 한 번도 강사에게 레슨을 받거나 음악학교를 다닌 적이 없었다. 그가 배운 것 중 가장 중요한 것은 바로 사람을 믿는다는 점이었다. 그에게 기업 경영이라는 것은 하나의 수단이었다. 그는 회사에 취직하였다. 회사에서 염화비닐 필름을 생산하기로 하자 마츠우라는 전문적 실력을 갖추고자 약품회사 직원들을 만나고, 새로운 수지에 관한 설명회에 가기도 하였고 관련 책들도 사서 읽었다.

창업은 목숨을 거는 위험한 일

마츠우라에게 일에 관한 공부를 자비로 하는 것은 당연한 일이었다. 결국 그는 염화비닐에 관하여 많은 실력을 쌓았고 데이터를 얻었다. 그는 영업을 담당하였는데 세 가지 포인트를 실천했다. 첫째, 먼저 고객을 찾아야 했고, 방문한 회사의 아침 조례에 반드시 참석했다. 둘째, 상품에 관한 지식, 자사의 설비에 대한 지식, 현재 공장의 가동 상황 등을 숙지했다. 셋째, 신제품을 개발해서 새로운 영업 대상을 확대하는 일이었다.

마츠우라는 귤을 담는 그물을 만드는 아이디어를 고안하였는데 이를 썩혔다. 결국 그 아이디어는 영국인이 전세계에 특허를 냈고 많은 돈을 벌었다고 한다. 그는 아이디어를 버리지 말아야 한다는 것을 깨달았다. 1965년 마츠우라는 5년의 회사생활을 그만두고 사출 성형을 하는 일을 창업하게 되었다. 이는 목숨을 거는 위험한 일이었다. 사업에 실패하면 가족이 뿔뿔이 흩어지는 것을 그는 많이 보았다.

정신력과 종교적 참배는 전혀 다른 것

마츠우라는 21세기의 기술은 마이크로화가 큰 흐름을 형성할 것이라고 생각했다. "만약 회사가 마이크로 부품의 생산, 극세 가공 기술의 개발에 성공하지 못했다면 지금쯤은 도산했을 것이다"라고 그는 말했다. 1999년 10만분의 1그램, 직경 0.245mm, 톱니수 9개의 당시 세계에서 가장 작고 가벼운 플라스틱 톱니바퀴를 주켄공업은 개발하였다. 20년 전에는 미세 구멍 하나를 뚫는 데 425만 엔이나 소요된 일이 있었다.

가전제품은 가격경쟁으로 잡화품으로 변해버렸고 마츠우라는 새로운 시장을 개척해야 했다. 회사의 매출액 70%가 가전과 전자제품 부품 생산에서 발생했기 때문이다. 마츠우라는 "불교 정신으로 아침저녁으로 간부들이 참배를 하고 감사의 마음으로 회사를 경영하던 대기업이 몇 년 전에 도산했다"고 말했다. 품질관리, 기술 개발,

재무 관리가 기업 존속의 원칙이지 참배만으로는 존속될 수 없다는 것이다. 정신력과 종교적 참배는 전혀 다른 것이었다.

위기를 타개하는 수단은 새로운 기술 개발

도쿄의 오오타는 공장 밀집지역으로 최근 10년간 이 지역 기업들의 1/3정도가 사라졌다. 일본 대기업들은 중소기업의 지적노동 가치를 거의 인정하지 않는다고 한다. 일본 경제는 더 악화되어 갈 것으로 예상되었다. 마츠우라는 "이 위기를 타개하는 유일한 수단은 새로운 기술 개발의 육성밖에 없다. 불황 탈출의 주체는 기업 자신이다"라고 말했다. 요컨대 중소기업이 살아남을 수 있는 힘의 원천은 기술이라고 그는 확신했다.

마츠우라는 톱니바퀴를 개발하기 위해 톱니바퀴 이론을 공부하였는데 어려웠다. 그는 실험을 통해 중요한 것은 사출 압력이 아니라 사출 속도라는 결론을 얻었다. 1970년대에는 일본 산업계에 품질관리가 성행했다. QC, 표본검사, 데밍상, 제로결함 등 품질관리가 미국에서 시작되어 일본에서 크게 성장했다. 주켄공업의 취급 품목은 약 2,500점, 생산량은 한 달에 약1억 개였다. 마츠우라는 "품질관리는 비용이 많이 드는 것이 아니라 비용을 절감해주는 것이다"라고 말했다.

기술적 수준이 낮은 물건을 만들지 말아야

1973년에 '도요타 생산방식'이라는 용어가 나왔는데 마츠우라는 이를 생산의 기본으로 삼았다. 그는 마쓰시타의 강연에서 "어음은 마약과 같은 것입니다. 매달 결산하고 어음 발행을 그만두어야 합니다"라는 말을 듣고 어음 발행을 없애려고 노력하였는데 9년이 걸렸다.

1980년대에 그는 관리기술을 중심으로 한 생산관리 시스템 즉 주켄시스템을 완성하였고, 해외사무소를 개설하였다. 1980년대 말, 주켄공업은 환차익이 발생하였는데 불로소득인 환차익을 대만과 한국의 합작회사에 돌려주었다. 이는 상호신뢰를 위한 것이며 이것이 사업의 기본이고 가장 중요한 것이었다.

마츠우라는 "가격 경쟁을 할 물건 즉 기술적 수준이 낮은 물건을 만들지 말아야 한다. 제조업에서 품질관리, 품질보증을 철저하게 해서 절대적인 신용을 얻어야 한다"라고 말했다. 경영자인 그에게 중요한 것은 대차대조표에서 얻은 정보를 정확히 이해하는 능력이었다. 경영에서 가장 중요한 것 하나는 균형이라고 그는 생각했다. 기업 경영자의 결단 속도는 재무 상황을 잘 이해하고 있는지 여부에 따른다는 것이다.

실패한 경영자의 공통점은 지식이 없다는 것

마츠우라는 자기자본비율이 재무관리에서 가장 중요한 지표라고 생각했다. 그의 회사는 자기자본비율을 향상시킬 계획을 세웠고 실행하였다. 간과하지 말아야 할 것은 자금의 효율이었다. 쓸데없는 자산을 보유하지 말고, 총자산을 압축하도록 해야 한다는 것이다. 그는 경상이익을 중시하였다.

마츠우라는 "실패한 경영자의 공통점은 재무 지식이 거의 없다는 것이다"라고 말했다. 기업이 이익을 확보하려면 반드시 혁신이 필요하며 신기술을 개발해야 한다고 그는 생각하였다. 그에게 기업의 규모는 기업의 가치를 나타내는 것이 아니었다. 기업의 독자성이 기업의 가치였다. 그는 훈련된 기술의 가치를 확신하였다. 가공 정확도에서 세계 최고가 되는 것이 그의 목표였다.

그의 회사에는 정년제가 없다. 지금까지 낙오한 사람은 한 사람도 없었다. 최고경영자인 그는 직원들을 방해하지 않았다. 그는 "약속을 지키지 않으면 따돌림을 받게 될 것이다. 주켄공업 임직원은 모두 약속을 지킨다"라고 말했다. 끊임없이 실력과 정신력을 단련하는 마츠우라는 중소기업임에도 대기업 최고경영자에게 조금의 꿀림도 없다는 사실이다.

에이원정밀

우메하라 가쓰히코는 일본의 에이원정밀 창업자이다. 37년간 연속 35% 이상의 경상이익률을 거둔 우메하라는 제9회 일본 기업가상을 수상하였다. 그는 저서를 통하여 자신의 놀라운 성공 사례를 알려주었다. 우메하라는 1970년 도쿄 서부에 에이원정밀이라는 작은 공장을 세웠고 2007년까지 사장으로 경영해 왔다. 그의 회사는 일본에서 가장 수익률이 높은 공장이었다. 주력 상품은 자동선반의 부품인 '콜릿 척'이다. '캠' 상품도 시장점유율 1위를 차지하여 왔다. 37년간 경상이익률의 평균은 41.5%였다. 그는 경영에 관해서 혼자 연구하고 공부하였다. 그는 "이익에 집중한다. 불황에 투자한다"는 원칙을 지켜왔다. 이를 어떻게 실천할 것인가가 문제였다.

37년간 경상이익률의 평균은 41.5%

에이원정밀 주역 상품 콜릿 척은 시장에서 60%, 캠은 90%의 점유율을 차지하였다. 해외까지 포함하여 1만3천 개의 회사와 거래하였다. 석유파동(1970년대), 플라자 합의(1985년), 버블 붕괴(1990년대) 등의 시련이 있었음에도 계속해서 고수익을 거두었다. 제조업의 기본은 높은 품질, 적정한 가격, 짧은 납기인데 이를 지키기는 쉽지 않았다.

사람들이 에이원정밀의 빠른 납기를 신기해하는 이유는 주문품의 형태와 크기가 다 제각각이기 때문이다. 캠이란 자동선반의 회전축에 부착해 운동방향을 조정하고 칼날을 제어하는 장치다. 콜릿척은 자동선반의 회전대에 설치하여 가공 대상물을 고정시키는 금속 장치다.

우메하라가 납기에 집착하게 된 이유는 품질과 가격으로는 경쟁을 벌이기 힘들다고 판단했기 때문이다. 결론은 짧은 납기였다. 빠른 납기로 고객의 시간을 절약해주는 것이다. "좋은 물건을, 적정가에, 빠르게" 이 세 가지가 비즈니스의 기본이었다. 납기가 반으로 줄면 하루 생산량은 두 배가 된다. 규모가 큰 회사에서는 콜릿 척 수주에서 납기까지 짧으면 1주, 길면 2주가 걸렸다. 에이원정밀은 보통 1일, 늦어도 3일이면 납품이 완료되었다. 에이원정밀은 여유 있게 작업을 진행하고 소량의 주문, 단 한 개의 주문도 받았다.

손해를 볼 것 같은 일을 시작조차 말아야

우메하라는 "손해를 볼 것 같은 일을 시작조차 하지 말아야 한다. 적정한 가격을 유지하는 것이 중요하다"라고 말했다. 직원을 해고하는 것은 불황기에 대처하는 최악의 자세라고 그는 생각했다. 불황기는 다음 호황기를 준비하는 절호의 기회이며 불황을 견디기 위한 비상금을 마련해두어야 한다는 것이다. 요즘 한국의 기업들이 불황이라고 월급 주는 것도 어려워하는 기업들이 많다고 한다. 매출이 몇 년간 없어도 상당 기간 월급 줄 자금을 마련해두어야 한다는 사실이다. 그래야 시장에 대응하고 새로운 제품과 전략으로 출발할 수 있기 때문이다.

우메하라에게 한 가지 중요한 원칙은 '불황이라고 쉽게 가격을 낮춰서는 안 된다'는 것이었다. 그는 가격만큼은 철저히 지켰다. 비밀은 비용 절감을 위한 노력에 있었다. 그는 37년 동안 한 번도 제품 가격을 인상한 적이 없었다. 우메하라에게 믿을 것은 생산성 향상밖에 없었다. 생산성을 높이는 가장 간단한 방법은 기계를 교체하는 것이었다, 그는 남보다 빨리 좋은 기계를 도입했다.

에이원정밀의 판매관리비율은 15.5%였는데 경영효율이 좋다는 기업에서도 20% 이하의 판매관리비율을 달성하기 어렵다고 한다. 평소에 본사에는 그를 포함하여 13명뿐이다. 에이원정밀은 1일 평균 500건이 넘는 주문을 받았다. 회사에는 게으름을 피우는 직원은 한 명도 없었다. 우메하라는 지금까지 3-4차례 결정을 했었다. 그에게 결정이란 미래를 예측하고 한 발 앞서 행동에 나서는 것을 뜻하였다. 변화의 징후를 감지하면 계획을 전면 검토하고 새로운 행동에 나서야 한다는 것이다.

점차 기술이 늘었고 자신감이

그가 초등학교 2학년 때 아버지의 회사가 파산했다. 그는 초등학교 졸업과 동시에 나사 제조공장에서 일을 시작하였는데 나이 12살이었다. 그는 '녹로' 업무를 맡았는데 점차 기술이 늘었고 자신감이 붙었으며 다른 업체로 전직을 반복하였다. 우메하라는 여러 공장을 전전하여 일을 배운 후 22살에 오오모리전자공업에 입사하였는데 22살 때였다. 그는 최고급의 기술력을 가진 녹로 기술자가 되어 있었는데 소형자동선반이라는 기계를 만나게 되었다. 우메하라는 사장에게 달려가 "월급을 깎으셔도 좋습니다. 자동선반 일을 맡겨주십시오"라고 말했다.

당시에는 소형자동선반의 제조업체가 캠을 제조했다. 가격이 비쌌고 납품도 더디었다. 그는 소형자동선반용 캠의 수요가 지속적으로 증가하고 있음을 보았는데 그에게는 선반제조업체에서 만든 캠보다 훨씬 품질 좋은 캠을 제작할 기술이 있었다. 전환기가 찾아온 것은 1965년이었다. 그는 26살에 회사를 그만두고 '미츠와제작소'라는 소형자동선반용 캠 제조회사를 차렸다. 영업은 형의 도움을 받았고 그는 제조에 전념하기로 했다.

어느 날, 시티즌시계사의 자회사에서 'NC캠 연삭판'을 개발했다는 소식을 들었다. 숫자를 입력하기만 해도 똑같은 제품을 제작할 수 있었다. 당시 미츠와제작소는 한 달 매출이 약150만 엔 정도로 약간의 수익을 거두고 있었는데 NC기는 1대에 2천만 엔이 넘었다. 우메하라는 형을 설득할 수 없었다. 결국 직원 8명 중 3명을 데리고 나와 새로운 회사 '에이원정밀'을 차렸다. 그때가 1970년으로 석유파동의 조짐이 있을 때였다.

높은 이익률은 기본을 착실히 지켰기 때문

결국 어느 도시은행의 융자를 받아 NC를 구입하였는데 그 융자를 해주었던 은행은 지금까지도 에이원정밀의 주거래은행이 되어 있다. NC기로 제작하는 에이원정밀의 캠은 정밀도가 높았다. 납품이 빠르다는 소문이 퍼지면서 주문이 빗발쳤다. 첨단기계의 효과는 놀라웠다. 품질은 높아지고 생산성은 3-4배 상승했다. 연간 매출은 7억 엔을 달성했다.

미래에 소형자동선반은 캠식에서 NC로 바뀔 것이 뻔했다. 더 이상 캠이 필요하지 않게 된다는 말이다. 우메하라는 깎는 일 자체는 수요가 줄어들지 않으리라 판단했다. 소형자동선반에 꼭 필요한 부품이면서 높은 시장점유율을 차지할 상품은 '콜릿 척'으로 생각되었다. 콜릿 척이란 가공물을 단단히 고정시키는 부품을 말한다. 콜릿 척을 제조하면 캠을 구매하는 고객이 재구매할 가능성이 높았다. 1976년 콜릿 척을 제조하기 시작했다. 현재 에이원정밀은 일본 콜릿 척 시장에서 점유율 60%의 톱 브랜드가 되었다. 매년 35% 이상의 높은 경상이익률을 확보할 수 있었던 것은 기본을 착실히 지켰기 때문이다.

고품질과 짧은 납기를 고집했다

우메하라는 고품질과 짧은 납기를 고집했다. 그의 회사는 실적이 좋았지만 게으름과 태만이 곳곳에서 눈에 띄었다. 그는 재차 땀을 흘려보기로 마음먹었다. 그는 칼날의 제조가 아닌 칼을 가는 일에 주목했다. 우메하라는 절삭공구의 재연마 시장에 뛰어들었다. 한

개당 500엔의 가격을 붙여 일을 시작하였다. 그는 고객 서비스의 중요성을 환기하게 되었다. 절삭공구의 재연마 사업은 시작 당시 매출이 300만 엔에서 2007년에는 4억4천만 엔을 돌파하였고 거래처도 4,300곳으로 확대되었다.

2007년 우메하라는 에이원정밀의 경영자 자리에서 물러나 사장이 아니라 대표이사 상담역(고문)직을 맡았다. 회사 경영은 하야시데쓰야 사장 등 젊은 인재가 맡게 되었다. 2007년 그는 기업가상을 받았다. 에이원정밀의 최대 강점은 짧은 납기였다. 주문을 받으면 곧장 작업에 들어가기에 낭비하는 시간이 거의 없었다. 주문은 기본적으로 전화나 팩스를 통해 받았다. 주문 내역을 꼼꼼히 확인한 후 주문전표에 필수사항을 적은 뒤 팩스를 통해 공장으로 보냈다. 여기까지 걸리는 시간은 1-2분이면 되었다.

공장에서는 본사에서 도착한 팩스를 수령한 뒤 곧 공기수송관(air shooter)을 통해 현장으로 발송했다. 현장 담당자는 팩스를 확인한 후 필요한 재료를 고르고 작업으로 들어갔다. '팩스 대신 인터넷을 쓰며 모니터를 활용하면 효율적이지 않을까?'라는 생각도 있었으나, 모니터를 들여다보면서 작업을 하면 자칫 혼란을 불러일으킬 가능성도 있었다. 팩스를 이용하면 팩스 자체를 작업개시표로 활용할 수 있어 완성하기까지 25단계의 공정을 한 장의 팩스 용지로 가능하였다.

관리해야 함은 원활하지 않다는 증표

에이원정밀의 거래처는 1만3천 군데였다. 회사의 관리 부문의 디지털화는 매우 신속한 편이었다. 재고도 일찍부터 바코드를 도입해 관리했다. 공정이든 납기든 이를 관리해야 한다는 것 자체가 시스템이 원활하지 않다는 증표였다. 에이원정밀은 따로 관리할 필요가 없었다. 기계 가동률에는 늘 여유가 있고 작업은 최대한 빨리 진행되었다. 밀려 있는 일이 없으므로 늦게 들어오는 주문도 처리가 가능하였던 것이다. 관리부서도 존재하지 않았고 검사를 따로 하지 않았다.

확실한 공정 아래 제작하면 품질에 하자가 없었다. 에이원정밀은 공정에 문제가 없기 때문에 하자도 없다는 사실이다. 회사는 수요가 정해진 재고를 보유하고 공장 가동률을 70%로 맞추었다. 좋은 재고는 어느 정도 보유하는 것이 바람직하였고 이는 짧은 납기를 가능하게 해주었다.

여유를 두는 이유는 급한 주문에 대응

기계가동률을 70%로 하여 30%의 여유를 두는 이유는 급한 주문에 대응하기 위해서였다. 50개를 주문할 때는 1개에 1만 엔을 받던 것을, 1개 주문하면 2만 엔을 받는데 고객은 납득하였다. 가장 중요한 것은 시간이었다. 에이원정밀은 유통을 직접 하였다. 주문도 직접 받고, 배송도 직접 하는 것이다. 덕분에 납품까지의 시간도 줄어들었다. 판매망을 보유하면 여러 모로 유리하였다. 제조부문에서 20%, 판매부문에서 15%의 수익이 발생하여 도합 35%가 되었다.

에이원정밀의 빠른 납기가 가능한 이유 한 가지는 바로 사람이었다. 직원이 모두 주인의식을 지니고 있었다. 우메하라는 사원을 신뢰하고 이익이 나오면 납득할수 있도록 사원에게 분배하였다. 이는 직원들에게 동기부여가 되었다. 그는 직원 4-5명으로 운영할 때 야마나시 현에 5천 평이 넘는 공장 부지를 매입했다. 그 이유는 교통수단이 편리했기 때문이다. 그는 사원들의 집 장만에 늘 관심을 기울였다.

노하우가 아니라 사람으로 하는 것

우메하라에게 직원을 소중히 여긴다는 말은 미래에 대한 불안감 없이 회사를 다닐 수 있도록 최대한 배려해야 한다는 뜻이었다. 큰 문제가 없는 한 회사는 정년이 될 때까지 직원을 해고하지 않았다. 모토는 '종신고용'이었다. 경제적인 불안감이 커지면 사람은 일에 집중하지 못하기 때문이다. 우메하라는 "일은 노하우로 하는 것이 아니라 사람으로 하는 것이다"라고 말했다. 그의 회사는 "사원을 소중히 여기는 경영자의 마음", "직원이 안심할 수 있는 고용 환경" 두 가지를 강조하였다.

우메하라는 직원 중심의 근무환경을 만들기 위해 노력하였는데 밝은 형광등으로 교체하는 등의 사소한 것도 신경을 썼다. 회사는 주주의 것이기도 하지만 경영자를 포함한 모든 사원의 것이기도 하기 때문이다. 에이원정밀은 연공서열에 따라 급여를 지불하였는데 이것이 성과배분방식보다 더욱 현실적이라고 생각하였다. 상여금은 실력에 따라 차등적용하였다.

매출 목표가 없었다

에이원정밀은 매출 목표가 없었다. 반면, 매출과 경비 등의 회계 관련 정보는 늘 공개하였다. 우메하라에게 야근을 한다는 말은 요령이 나쁘고 집중력이 떨어진다는 의미였다. 에이원정밀은 사원은 '자기 회사'라는 의식이 있어야 하기 때문에 파견사원을 채용하지 않았다. 이 회사에는 조직이 없고 경영자를 포함한 모든 사원이 평사원이었고 직함이 없었다. 이것이 낭비를 줄이는 방법이었다. 공장 운영의 효율성을 높이기 위해 서로 의견을 교환하며 경영자 대 직원이라는 이분법적 시각을 버려야 한다는 것이다. 경영자와 직원은 단지 효율성에 따라 임의적으로 나뉜 것이었다.

에이원정밀은 회의를 거의 하지 않았다. 대신 사원 간의 커뮤니케이션은 활발했다. 의견이 다를 때만 전체 회의를 열었다. 사원과 경영자가 "좋은 제품을 싸게, 빨리"라는 동일한 가치관을 갖고 있기 때문에 큰 문제가 없었다. 회사에는 타임카드가 없다. 100여 명의 직원을 관리한다는 것 자체가 무리라고 생각하고 각자의 양심에 맡기는 편이 훨씬 낫기 때문이었다. 경영자의 솔선수범은 좋은 교육법이었고 누구에게든 질문할 수 있는 근무환경을 만드는 일은 더 좋은 교육법이었다.

기술이든 노하우이든 배워야 한다는 것

우메하라는 "나는 공부에 대한 열망이 살아 있었다"라고 말했다. 그는 무엇인가 기술이든 노하우이든 배워야 한다는 것을 절감하였다. 끊임없이 변화하는 사업 세계에서 그가 자부하는 것은 자신의 정신력과 실력이 유일한 것이었다. 2003년에 에이원정밀은 자스닥에 상장을 했다. 우메하라는 상장 후에 영업이 전보다 수월해진 것을 알았다. 그는 30년 간 단 한 번도 하청업자에게 가격을 깎아달라고 요청한 적이 없었다.

우메하라는 "창업은 방법이나 적성보다 우선 단단한 의지가 있는지부터 점검해야 한다"고 말했다. 정신력이 최우선이라는 것이다. 그는 "경영자는 인격적으로 성숙해야 한다. 즉 덕을 갖춰야 한다"라고 말했다. 그가 오랜 동안 사업을 하고 기업을 경영하면서 경영자의 정신력이 얼마나 중요한가를 절감했기 때문에 하는 말이었다.

우메하라는 우선 자신의 입장과 처지를 명확히 파악하고 업무에 최선을 다하는 것이 곧 인격을 수양하는 방법이라고 생각하였다. 그는 "창업을 하기 위해서는 공부가 필요하다. 사업은 최종적으로 손익계산의 싸움이다. 공부는 인내심을 기르는 데 도움이 된다"라고 말했다. 사업 또한 공부와 마찬가지로 미지의 분야를 알아가는 과정이라는 것이다.

공부를 통해 인내심을 기른 사람뿐

우메하라는 야간중학교를 졸업한 것이 학력의 전부였지만 끊임없이 자신의 향상을 위하여 정진해왔다는 사실이다. 그는 책을 통해 수많은 깨달음을 얻을 수 있었다. 그는 어느 강연을 들은 후에 독서가 습관이 되었다. 우메하라는 "자신을 수련하기 위해 책을 손에서 놓지 않으려고 노력한다"라고 말했다. 그는 아침에 3시간 가량 책을 읽는다. 그러면 생기가 넘쳐 긍정적인 사고가 가능하다는 것이다. 그는 책을 읽고 생각을 정리한 다음 악기를 연주하면서 마음을 가다듬었다.

일본에서 오늘날 하청이라는 특수한 산업구조 때문에 중소형 공장들은 대기업에 의해 일방적으로 가격이 결정된다는 사실이다. 공장 기계를 24시간 풀가동시켜야 간신히 적자를 면한다고 한다. "이미 일본의 중소형 제조공장의 절반은 폐업 직전에 놓여 있다"라고 우메하라는 말했다.

그는 에이원정밀의 기술과 노하우를 공개하기도 하였는데 기술 방법과 노하우를 알더라도 작업하는 사람의 능력이 다르기 때문에 품질 상에 차이가 난다는 것이다. 그에게는 명예와 훈장도 필요 없었다. 그는 재단 하나를 설립할 생각을 하였다. 그가 이익 창출을 강조하는 이유는 기술력과 노하우를 다음 세대에 전하는 데 필요하기 때문이었다. 뛰어난 경영자는 단순하다. 자신의 가치를 높이기 위하여 오늘도 내일도 학습한다는 것이다.

12

변화의 지혜

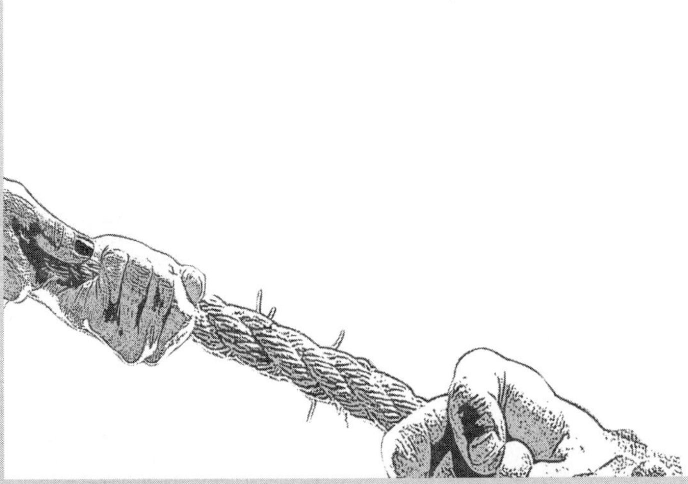

변화의 지혜

조직에서 변화는 심리적 저항을 받을 가능성이 높다. 인간은 변화보다는 안정을 추구하는 성향이 있기 때문이다. 보리스 시륄니크, 에릭 에이브럼슨은 저서를 통해 변화의 저항을 완화하는 아이디어를 제공했다. 진정한 변화란 내적 욕구에서 비롯된다는 사실이다. 개인이 스스로 이루려는 변화는 동력을 갖고 있지만 조직에서 이루어지는 변화는 저항감에 직면한다. 이는 자발적인 것이 아니기 때문이다.

삶에서 개인들이 맞이하는 큰 변화에는 배우자와 직업 선택이 있다. 개인이 선택하는 것이지만 그 과정에는 두려움도 수반된다. 행복한 만남에서 단연 수위는 55%를 차지하는 배우자와의 만남이다. 직업선택은 그 다음일 것이다. 두려움은 부정적 기능이 있지만 우리의 감정을 순하게 길들이는 순기능도 있다.

"고통이 없이는 변화도 없다"를 거꾸로

유명한 행동과학자 커트 르윈은 "고통 없는 변화란 세상에 존재할 수 없다"라고 말했다. 그러나 고통이 적을수록 변화 가능성이 높아질 수 있다는 사실이다. 많은 변화에서 고통이 강하게 느껴지는 것은 변화 방식에서 좀더 사려깊은 방식을 활용하지 못하기 때문이다. "고통이 없이는 변화도 없다"를 거꾸로 할 수 있다는 가능성을 생각해야 한다. 이는 좀더 고통이 없이 훌륭한 변화를 이루어낼 수 있다는 가능성이다. 이는 창조적 방식을 생각하는 것이며 기존의 강압적 방식을 뛰어넘는 것이다.

예이츠는 "교육이란 배우려는 욕망의 불꽃을 지피는 것이다"라고 말했다. 이는 교육이란 지식주입보다 지식을 얻는 욕망을 고취하는 것임을 지적한다. 변화에서 타율적 변화보다 자발적 변화가 더 나은 결과를 창출한다. 기존의 변화 접근법은 '창조적 파괴'라는 용어로 표현했는데 이는 '파괴'라는 큰 부작용을 전제로 한 것이었다. 인간은 변화가 자기에게 이로운 것이라고 생각하면 '파괴'가 아니라 '건설'적인 반응을 보일 수 있다.

조직의 변화는 지혜가 매우 필요

소위 '변화에 대한 저항'은 실제로는 '변화로 인한 저항'이다. 연구결과들에 의하면, 변화를 자주 시도하면 그 변화는 실패할 위험이 높아진다고 한다. 영국의 GKN사는 회사에 엔지니어들이 너무 많은 상태가 되었다. 이 회사는 변화의 저항을 최소한으로 하면서 잉여 엔지니어들을 적절하게 재배치하는 방법을 생각하였다. 경영진은 남는 엔지니어들을 해고하는 대신 이들을 필요로 하는 회사들이 있는지 알아보았다.

몇몇 회사에서 그러한 수요가 있었다. 경영자는 엔지니어들을 그 회사들에게 '임대'하였고 '필요할 때는 언제든지 엔지니어들을 복귀시킬 수 있다'는 조항을 넣어 계약하였다. 이 회사는 소모적인 혼란을 줄이고 기존 요소들을 잘 활용했고 직원들의 불안감을 없앴다. 이러한 과정에 다른 회사에 '임대'된 엔지니어들은 큰 저항을 보이지 않았다. 그들은 본사로 복귀할 희망이 남아 있었기에 배신감이나 좌절감을 느끼지 않았던 것이다. 조직의 변화는 지혜가 매우 필요하다는 것이다.

변화에서 완전한 실패를 인정

1998년12월 크라이슬러 사장이자 부회장이었던 로버트 루츠는 익사이드의 신임 최고경영자로 취임했다. 루츠는 경력에서 보여주듯 능력과 경륜을 화려하게 갖추었다. 그는 과도한 자신감으로 과감하며 파괴적인 방식으로 조직 구조를 파괴하고 대대적인 조직재편성을 했다. 익사이드의 변화에 대한 저항은 혼란으로 치달았다. 직원들의 사기는 떨어졌고 상황은 급격하게 악화되었으며 회사는 결국 2002년4월 파산보호를 신청하였다. 많은 사람들에게 고통을 준 급격한 변화는 결국은 큰 손실을 보게 되었다. 5월에 루츠는 사임했다. 변화에서 완전한 실패를 인정했던 것이다.

변화는 변화를 감내해야 하는 사람들이 받아들일 수 있어야 성공한다는 사실이다. 창조성이 중요한 분야에 종사하는 사람들 중에는 고아 출신이 많다고 한다. 이러한 환경을 가진 사람들은 역경을 헤치고 나오면서 창조적인 대응 방식을 강구하는 경험을 하였다. 그들은 변화 과정들을 통하여 창조성이 발현되는 긍정적 경험을 얻었다.

변화 실행 주체의 실행능력이 형편없기 때문

어린 시절 보호를 제대로 받지 못하는 경우는 창조성이나 범죄로 이어질 가능성이 높아진다고 한다. 그들이 가지고 있는 에너지가 역경을 뚫고나갈 곳을 찾지 못할 때 반작용으로 범죄자가 될 수도 있다. 연구자들은 두 가지 사실을 발견했다. 첫째, 가장 힘든 어린 시절을 보냈던 이들이 어른이 되어서는 가장 행복한 삶을 살았다는 것이다. 둘째, 행복한 성인들에게서 종종 발견되는 방어기제가 아이들 집단에서 찾아볼 수 있었다는 것이다.

개인의 변화나 조직의 변화 모두 큰 스트레스를 동반한다. 이 스트레스를 견디고 좋은 결과로 이어지게 하는 것은 경영자의 임무이다. 경영학자 에릭 에이브럼슨은 "대체로 변화의 솔루션이 실패하는 이유는 변화 실행 주체의 실행능력이 형편없기 때문이다"라고 말했다. 변화를 성취할 지혜를 갖추지 않고서 그저 기계적인 변화만을 추구할 때 치명적인 결과가 발생할 수 있다는 것이다.

인간에게는 현상을 극복할 수 있는 정신적 에너지가 나올 수 있는데 이를 '승화'라고 한다. 승화는 삶의 동력이 사회적으로 가치부여를 받는 예술적, 지적, 도덕적 활동 쪽으로 향할 때 생겨난다고 한다. 변화가 자신에게 유익하고 좀더 나은 미래를 예상할 때 승화가 나올 수 있는 것이다. 인간은 정신적 복원력이 있는데 복원력은 스트레스나 역경에도 불구하고 자신을 긍정적인 방향으로 발전시키는 능력이다.

인간의 정신적 복원력

역사 속에서 역경을 많은 겪은 사람들에는 유태인들이 있다. 유태인들은 처절한 시련을 겪었는데 그들의 어린 시절에 큰 타격을 준 것은 수용소 생활이 아니라 피신생활을 할 때의 감각적 고립이었다고 한다. 인간에게 유머는 상황을 변모시키며 비극을 가볍고 유쾌한 상태로 바꾸어준다. 유태인들 중에 유명한 코메디언이나 배우들이 많은 것은 이들이 처절한 환경을 변화의 대상으로 보면서 자신을 승화시키는 방식을 연마했기 때문이라고 한다.

인간의 정신적 복원력은 어떤 타격에 대응하는 내면의 탄성이다. 변화에 직면하는 인간들에게 감정의 자제는 욕망의 실현 시기를 늦추며 바람직한 결과로 이끄는 동력이 된다. 인간은 현실에서 고통이 있다고 해도 고통에 의미가 부여되면 이를 인내할 수 있다는 것이다. 요컨대 고통이 있는 변화에 순응할 수 있다는 것이다. 변화를 가능하게 하려면 변화에 직면한 사람들에게 미래의 환상 즉 비전을 명확하게 제시하는 것이 매우 중요하다.

이러한 명확한 비전의 제시없이 변화를 요구할 때 저항과 좌절과 결국은 파멸로 이어지는 것이다. 이는 개인이나 조직에 엄청난 손실을 초래한다. 변화에는 어느 정도 저항이나 변화가 수반되지만 이를 감당할 수 있게 해주는 책임은 리더에게 있다. 변화 과정에서 리더의 말은 매우 중요하다. 필자는 1999년 금융기관의 변혁 과정에서 이러한 것들을 실제로 목격하였고 명예퇴직이라는 경험도 하였다.

불안감 확산, 냉소주의, 무기력증 등을 초래

조직의 변화에서 혼란스러운 변화는 직원들의 불안감 확산, 냉소주의, 무기력증 등을 초래한다. 무리한 변화보다 창조적 변화는 훨씬 덜 고통스러운 방식이다. 포도압착기와 동전타출기의 재조합을 시도했던 구텐베르크는 인쇄기를 만들었다. 이는 파괴가 아니라 창조적 재조합이었다. 그 결과는 매우 놀라운 효과로 나타났다.

창조적 파괴는 부작용도 더 크다. 변화의 실행은 어려운 일이며 많은 지혜가 필요하다. 창조적 재조합은 변화의 부담을 줄일 수 있고 위험성도 최소화한다. 창조적 파괴는 극심한 혼란이 발생하고 통제불능 상태에 빠질 수도 있다. 창조적 파괴와 달리 창조적 재조합은 더 유연하고 더 쉽고 더 적은 비용으로 변화를 실행할 수 있다. 재조합은 기존 요소들을 새로운 형태로 재사용하고 재조합하는 것이다.

조직에서 고위간부가 해고되었을 때 그 아래로 엄청난 혼란이 발생하였다. 모든 조직들에서 단행된 인원감축과 그로 인한 창조적 파괴는 치명적인 결과를 초래했다. 조직의 가장 소중한 재활용요소인 직원들의 능력과 지식을 재사용하고 재배치하여 재조합할 수 있는 방법을 알아야 한다. 재조합할 수 있는 적절한 재능, 지식, 기술을 발견해내는 것이 과제이다. 제조업에서는 고참 직원들을 조립라인 신참들의 멘토와 교육자로 활용할 수 있다.

가치와 행동적 규범은 서로를 강화

1896년 건축가 루이스 설리번은 "형태는 기능을 따른다"는 견해를 제시하였다. 조직은 소중한 재활용요소들을 지니고 있는데 그것들은 환경과 연계해서 전략을 결정한다. 최소한의 고통으로 변화를 이끌어낼 수 있는 방법은 창조적 파괴가 아닌 창조적 재조합이다. 창조적 재조합을 통한 변화도 얼마간의 혼란을 유발한다는 사실이다. 그러므로 철저한 준비와 훈련이 필요하다.

조직에서 '가치'는 공동의 신념이다. '규범'은 공동의 행동방식이다. 가치와 행동적 규범은 서로를 강화하는데 이러한 토대를 바탕으로 변화가 이루어져야 한다. 많은 조직에서 '변화! 변화!'를 외치면서도 이에 따른 요인들을 전혀 마련하지 않고 변화를 추구하였다. 결과는 대부분 실패로 나타났다. 가치와 규범을 마련하여 아주 신속하고 효율적으로 변화가 이루어지게 하는 창조적 재조합이 그래서 매우 소중한 것이다.

인간은 변화에 대한 강력한 방어기제를 작동시키는데 이는 '자아'라는 자신의 통합성을 유지하려는 본능이다. '복원력'은 방어기제에 속한다. 인간은 모두 복원력이 있다. 변화를 추구하려면 인간의 복원력을 감안하여 적절히 추구하라는 것이다.

뛰어난 창조적 재조합자들

이전에 시티은행의 변화가 참담한 실패로 끝난 사례가 있었다. 실패 이유는 성급하게 새로운 프로세스를 가동했기 때문이었다. 1995년 이후 기업들은 무더기로 BPR(비즈니스프로세스 재설계)을 포기했다. BPR을 시도했던 기업들의 3/4은 실패하였다. 나머지 1/4도 성공했다고 보기는 어려웠다. 변화를 감당할 만한 정신력과 실력이 갖추어지지 않은 상태에서 결과만을 서둘렀기 때문이었다.

창업, 조직성장, 합병인수 등에도 창조적 재조합은 고통 없이 저비용으로 촉진될 수 있는 변화를 필요로 한다. 재생을 통한 재조합은 그에 대응하는 창조적 파괴와 차이가 있다. 지속적인 빠른 변화가 최선책은 아니다. 실제로 더 느린 속도의 변화는 그것을 실행할 수 있는 능력을 보존하거나 강화할 수 있다. 고통 없는 변화의 핵심은 변화와 안정의 장점을 모두 활용하고 균형을 유지해야 한다는 것이다.

뛰어난 창조적 재조합자들은 직원들에게 변화와 관련된 고통을 덜어주기 위한 가치와 규범을 유지한다. 변화의 달인들은 변화를 위한 변화를 시도하지 않는다. 그들은 안정이 필요한 시기에는 안정을 유지하면서 반드시 필요한 경우에만 변화를 실행했다. 변화의 지혜는 엄청난 정신력과 실력의 뒷받침이 있어야 가능한 것이다.

13

뛰어난 경영자들

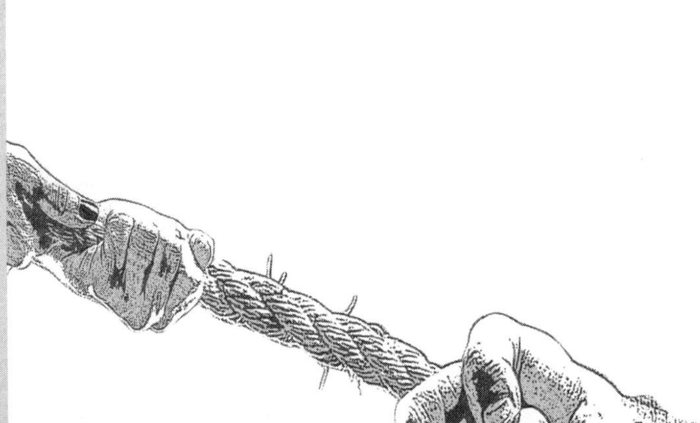

호리바

벤처의 원조라 불리는 호리바제작소의 창업자 호리바 마사오는 1945년 '호리바무선연구소' 간판을 달았다. 그는 그 이래 지금까지 위기를 얼마나 많이 겪었는지 헤아릴 수 없을 정도라고 말했다. 호리바는 "경영자는 철학이나 가치관을 갖고 있어야 한다. 즉 자기 의견이나 주장을 해야 한다"라고 말했다. 그는 경영자의 역할을 항상 생각하였는데 그것을 위해서 책을 많이 읽었다.

"기업경영은 인생을 걸고 목숨을 걸고 해야"

호리바는 "기업경영은 인생을 걸고 목숨을 걸고 해야 한다. 경영은 본질적으로 힘든 것이다"라고 말했다. 원가를 낮추는 것도 중요하지만 협력회사가 돈을 벌지 못한다면 그 관계는 계속 유지되기 어렵다고 그는 생각했다. 호리바에게 현재의 한계를 자각하는 것이 무엇보다 필요하였다. 그에게 있어 교육은 필수적인 것이었다. 호리바는 기술을 무기로 회사를 일으킨 사람이었다.

호리바제작소가 살아남은 이유는 예상치 못한 사태에 빠졌을 때 재빠르게 대응했기 때문이었다. 그는 빨리 사태에 대응하려면 정신적 여유가 필요하고 결단력이 있어야 경영자로서 자격이 있다고 생각했다. 1924년생인 그는 1945년 교토대학 물리학과 재학중 호리바무선연구소를 설립하고 1953년 호리바제작소를 설립하였다. 호리바제작소는 벤처 비즈니스의 모델이며 계측기기 분야의 세계1급 업체이다. 그는 정신력을 매우 강조하였는데 기업의 장래는 직원의 정신력 즉 '사원의 기개'에 달려 있다고 말했다.

생각하고 생각해야 된다

호리바는 유연한 발상과 탄력 있는 대응이 중요함을 체험하였다. 포기가 빠른 것도 장점이고 끈기가 있는 것도 장점이 된다는 것이다. 호리바는 "작은 일을 잘하여 성공을 쌓아나가면 승률이 높아진다"고 말했다. '소심한 사람'과 같이 만전을 다한 준비가 필요하다는 것이다. 이를 위해서는 한 가지에 뛰어난 능력이 있어야 한다고 그는 생각했다. 아이디어만으로는 안 되며, 결국 끈질긴 정신력이 모든 것을 결정한다는 것이다.

"생각하고 생각해야 된다"고 호리바는 말했다. 사업에서 성공하기 위해서는 머리를 써야 하며 일에 몰두해서 일하면 굳이 '노력한다'는 개념이 필요없다는 것이다. 호리바 마사오는 "책을 자주 읽는 사람은 일 잘하는 사람의 특징이다. 공부한 사람은 성공할 가능성이 높다"고 말했다. 그는 학습을 중시하며 즐겁게 공부하는 것이 중요하다고 생각한다. 그 자신이 학업에 도전하여 의학박사 학위를 받기도 하였다.

그는 "작은 분야라도 그 분야에서 자기 자신이 최고가 되어야 한다"고 말했다. 일을 통해서 자기실현을 하는 것이 행복하게 사는 법이라는 것이다. 그에게 중요한 것은 자신의 능력을 계발하는 것이었다. 호리바는 교토대학 이학부에 입학하여 원자핵물리학 연구원이 되고자 했다. 3학년이었던 1945년 연구의 세계에서 비즈니스의 세계로 방향을 전환했다.

고정관념이 문제라는 것

그는 비즈니스에서 성공하기 위해 많이 공부해야 하였다. 회사에서 개발한 부품에 그 개발부분의 기술자는 "그것은 직류에는 절대로 사용할 수 없습니다"라고 주장했다. "왜 사용할 수 없냐"고 물어보니 "그것은 모두 알고 있는 상식"이라는 것이었다. 실험한 데이터도 없고 사실을 확인도 하지 않았던 것이다. 막상 실험해보자 놀랍게 사용할 수 있었다. 호리바는 고정관념이 문제라는 것을 알게 되었다.

호리바는 사업에서 성공은 여러 가지 조건이 갖추어져야만 하지만, 실패는 한 가지 요인 즉 치명적 결함 한가지로 물거품이 된다는 것을 깨달았다. 그에게 중요한 것은 일의 비결을 파악하는 것이었다. 그는 자기 분야에서 최고의 명인을 목표로 하였다. 그러기 위해서는 기초가 제대로 되어 있어야 한다는 것을 호리바는 알았다. 그가 공부를 중시하는 것은 기초 원리를 터득하는 것이 매우 중요함을 깨달았기 때문이다.

호리바는 "자기 분야에서 지식과 능력을 쌓아야 한다"고 말했다. 자기분야의 대가가 되기 위해서는 지식으로 알고 실제 체험이 병행해야 한다는 것이다. 호리바에게 중요한 것은 실패에서 배우는 것이었다. 그가 벤처 기업의 원조로 불리고 존경받았던 것은 초창기 개발자였기 때문이 아니었다. 끊임없이 학습하여 정신력과 실력을 향상시켜 왔기 때문이었다.

이병철

삼성 그룹의 창업자 호암 이병철은 1976년에 "만약에 부만을 위해서였다면 제일제당만으로도 나는 충분히 자족할 수 있었을 것이다. 내가 언제나 안일을 혐오하고 도전과 시련을 반겨왔던 것도 나의 사명감을 확인하고 청신한 창조력을 지속하기 위해 노력하였던 데에 있다"라고 말했다.

제일제당만으로도 충분히 자족할 수

삼성 그룹이 수많은 풍파를 겪으면서 지금의 사세로 성장한 것은 단순히 행운이나 이익만을 추구하였기 때문은 아니었다. 많은 풍파를 겪으면서 제대로 된 기업 집단으로 성장하려면 '정도'의 길을 걸어야 한다는 사실이다. 그 정도란 '정신력'과 '실력'을 갖추어 사회에 기여하고 많은 사람들에게 공감을 주는 것이다.

이병철은 "기업은 사람이다"는 말을 강조하였는데 이는 제대로 된 정신력과 실력을 갖춘 사람을 요구한다는 의미였다. 그는 1982

년 "나는 기업의 사회에 대한 궁극적 책임은 부의 사회적 환원에 있다고 믿는다"라고 말했다. 이는 단순히 돈을 버는 것이 목적이 아님을 분명히 한 것이다. 요즈음 '갑을' 문제가 화제로 되어 있다. 수많은 협력 회사와 관계를 갖고 있는 삼성 그룹에서 이를 어떻게 대처할 것인가? 이병철은 "전자대리점이 손해나지 않게 하라. 생활보장을 시켜주어라"라고 1982년에 말하였다. 갑은 을의 생활보장을 책임져야 한다는 엄중한 목소리였다.

무엇보다 혐오한 것은 안일

이병철이 무엇보다 혐오한 것은 안일이었다. 그가 회장이었을 때 삼성에서는 운전기사 교육을 6개월간 했다. 그 결과 운전기사들은 예의 바르고 철저하게 안전운전을 했다. 사람이 사업을 성공시키느냐 아니냐를 결정한다는 것이 호암 이병철의 경영철학이었다. 이병철의 인사관리 비결은 한마디로 '인사관리를 위해 시간과 노력과 돈을 계속해서 투입한다'였다.

사장단에 대한 교육은 1년에 두 번, 봄과 가을에 있었다. 거의 자기 반성적 행사였다. 호암 이병철은 사장들에게 질문해서 항상 대비시키고 긴장을 늦추지 않게 하는 것이 그의 교육이었다. 이병철은 "제2의 도약을 위해서는 첨단기술을 개발하는 방법밖에 없다고 생각한다"라고 1985년에 말하였는데, 그가 시장을 개척할 수 있는 실력을 중시하였음을 알 수 있다. 또한 "사고방지를 위해서 정신교육이 먼저 선행되어야 한다. 정신교육이 제일 중요하다"라고 1980년에 말했다. 이는 정신력의 중요성을 간파한 것이었다.

요컨대, 대기업 집단이든 소기업이든 결론은 정신력과 실력을 갖추는 것으로 귀결된다. 호암 이병철이 1973년에 "모든 것의 시초는 인간이며, 모든 일의 중심은 인재이다"라고 말한 것은 정신력과 실력을 모두 갖춘 인재를 말하였던 것이다. 1910년 경주 이씨 가문에서 태어난 이병철은 '논어'를 일생의 반려로 삼았다. 자기계발에 대한 집착은 그를 큰 사업가로 만든 연료였고, 끊임없는 도전과 창조의 원동력이었다. 그의 자기계발에 대한 신념은 완벽주의, 최고주의로 이어졌다. 호암 이병철은 노력하는 인간, 근면한 인간을 최고의 덕목으로 꼽았다.

쉴 새 없이 공부하지 않으면 안 된다

1980년 이병철은 "그것은 공부를 하지 않아서 그렇다. 공부하면 더 발전할 수 있다. 사장들도 적극적으로 공부하라. 발전하기를 원하는 사람은 공부를 계속해야 할 것이다"라고 말했다. 결국 인간은 학습을 통하여 자신을 향상시키는 것 외에는 다른 방법이 없다는 것이다. 그는 "경영자는 전문적 지식을 갖추는 것은 물론 쉴 새 없이 공부하지 않으면 안 된다. 내가 관심을 갖는 것은 경영의 기술보다는 그 저류에 흐르는 기본적인 생각, 인간의 마음가짐에 관한 것이다"라고 부언하였다.

"책임을 진다는 것은 정신을 말하는 것이다. 잘못하고 사표 쓰면 자기 책임을 다했다는 식의 생각이 잘못됐다는 것이다"라고 이병철은 말했다. 삼성 그룹은 '인재와 기술을 바탕으로'를 이념으로 하고 있다. 결국 사업이 성공하느냐 마느냐는 관련 임직원의 저력이 얼마나 갖추어져 있느냐에 의해서 결정된다는 것이다.

삼성 그룹 임직원으로 장기근무를 하려면 끊임없이 자신의 정신력과 실력을 갈고 닦지 않으면 정년까지 근무할 수 없다는 사실이다. 그만큼 치열한 문화가 되어 있다. 이 대열에서 탈락하는 많은 사람들에게는 가혹하게 느껴지는 상황이기도 하다. 인생 자체가 치열한 마당인데 이를 피할 방법은 현실적으로 어렵다. 오로지 학습을 통하여 자신의 경쟁력을 향상시키는 방법 외에는 도리가 없는 것이다.

호암 이병철은 1910년 경남 의령 2남으로 출생하여 1931년 와세다대학교를 거쳐 1938년 대구에서 삼성상회를 설립. 1953년에 제일제당을 설립하였고, 1954년 제일모직, 1965년 삼성문화재단. 삼성전자 등을 설립하였고 1987년 영면하였다. 그가 현업에 있을 때에는 많은 풍파를 겪었고 포폄을 받았지만 그가 정신력과 실력을 중시했던 것은 놀라운 지혜였다.

고야마 노보루

고야마 노보루는 동경경제대학을 졸업하고 무사시노에 입사해, 1989년 대표이사로 취임했다. 그가 적자만 내던 회사를 연매출350억 원까지 끌어올리고 흑자로 전환시킨 수완은 전설처럼 전해진다. 고야마는 2000년 '일본경영품질상', 2001년 '경제산업장관상' 등을 수상했다. 그가 저서를 통해 밝힌 성공 사례는 의미가 깊다.

고야마는 예전에 회계 사무소에서 근무한 적이 있었다. 그는 융통어음이 얼마나 위험한지 경험했다. 주먹구구식으로 경영하면 궁지에 몰리게 될 가능성이 있다는 것을 그는 실감했다. 운전자금이 부족하게 되면 우선 판매대금의 회수기간을 짧게 해서 자금흐름을 원활하게 해야 한다는 것도 그는 알았다. 판매량이 증가하면 자금이 넉넉해지는 것이 아니라 더 필요해져 자금의 압박을 받게 되었다. 고야마는 자금압박을 미연에 방지하기 위해 직원에게 "매월 결산하라"는 지시를 하였다. 그것이 이상 징후를 빨리 발견하는 요령이었다.

경영은 미래를 계획하는 것

고야마는 비즈니스에는 반드시 '주요 성공요인'이 있다는 것을 깨닫게 되었다. 주요 성공요인부터 찾아내어 정확한 전략을 세워야 한다는 것인데 그 해답은 숫자 안에 숨어 있었다. 그에게 경영은 미래를 계획하는 것이었다. 그는 사업계획을 역산해서 '당장 해야 할 일'과 '안 해도 될 일'을 명확히 구분하였다.

고야마는 "회사의 진짜 실력은 총매출액이 아니라 매출총이익으로 가려진다"고 말했다. 그는 적자 부문의 책임자를 바꿈으로써 부문을 재정립하려는 경영자의 의지를 사내에 전달하였다. 매출을 늘리는 방법은 가격을 높이든지 고객 수를 늘리든지 둘 중 하나였다. 융통어음을 발행한 회사는 대부분 도산한다는 사실을 고야마는 알았다. 무차입 경영보다 회사의 실적 향상이 더 중요하였다. 고야마는 개인보증을 선 적이 없는데 회사의 신용 능력이 컸기 때문이다.

고야마는 28살에 사장이 되었다. 재고손실을 줄이기 위해 꼭 필요한 물건만 아주 신중하게 구매하였다. 신규 사업은 큰 투자이며 경영에 심각한 위기를 초래하기도 한다는 것을 그는 알고 있었다. 그는 인건비를 줄이는 것은 자칫 치명상을 입을 수 있다는 것을 깨달았다. 인건비를 줄이지 않고 비용절감 효과를 내는 방법으로 직원 개개인의 업무량을 늘리는 방법을 선택하였다.

인재를 키우기 위한 구조를 만드는 것

고야마는 예전부터 "술, 도박, 사치"를 골고루 갖춘 사람을 '가망 없는 사장'이라고 생각해왔다. 그는 정신력의 중요성을 절감하였다. 처음부터 의식이 확고한 직원을 적절한 자리에 배치하는 것이 단연코 효과적이었다. 그의 회사에서 고야마는 특히 경리 업무에 대해서 늘 확인하였다. 회사는 8개 사업을 전개하였다. 고야마가 30년 동안 사장 직책을 수행하는 동안 이익이 줄었던 것은 세 번뿐이었다. 이는 그의 회사에 '수익을 낼 수 있는 구조'가 있었기 때문이다.

직원을 교육하는 구조, 일하고 싶은 구조, 업무를 표준화하는 구조, 노하우를 공유하는 구조, 디지털을 활용하는 구조 등이 그것이었다. 고야마는 "기업의 자산은 사람, 물건, 돈이라고 한다. 그 중 가장 중요한 것은 사람이다"라고 말했다. 회사의 장래를 가르는 것은 인재에 달려 있기 때문이다. 인재를 키우기 위한 구조를 만드는 것이 중요하다고 그는 생각하였다.

고야마는 실적이 좋은 직원들에게 격려를 해주었다. "필요한 지원을 하겠다"는 메시지를 구체적인 형태로 지속적으로 보내는 것이다. 세련된 매너를 익히는 것, 상품과 서비스에 관한 지식을 갖는 것도 중요하였다. 무엇보다 사장과 가치관을 공유할 수 있는 것이 열쇠였다.

스터디모임을 5년간 계속하여 경영품질상

고야마가 가장 힘을 기울인 것이 각종 스터디모임이었다. 첫해에는 1인당 평균300시간, 2년째 이후에도 100시간에 달했다. 스터디모임을 5년간 계속하여 경영품질상을 탈 만큼 조직을 개선한 것이다. 스터디 모임에 참가하는 것은 자율참가이지만, 불참하면 상여금에 차이가 생겼다. 직원들이 높은 급여를 받을 수 있는 것은 학습한 결과였다.

직원들은 1년에 9일 간 유급휴가를 써야 하였다. 이는 자기가 없어도 일이 되도록 평소 직원들을 교육시켜 놓아야 하는 구조를 만들었다. 이를 위하여 업무표준화나 쉬운 매뉴얼을 만들어야 하였다. 업무가 제대로 돌아가지 않으면 휴가를 간 본인에게 책임이 있었다. 고야마는 각종 스터디모임이나 야유회 등에 출석한 횟수로 평가하였다. 불참하면 평가가 낮아져 상여금이 줄어들었다. 열심히 하면 그만큼 수입도 늘어나는 구조가 이 회사의 급여체계였다. 고야마는 "일하는 것은 도구가 아니라 사람이다"라고 말했다. 그의 회사 360명 인원에 총무 담당자는 단 1명뿐이며 그것도 매년 교대시켰다.

그는 '사고 발생보고를 게을리 하면 상여금은 절반으로 깎는다'는 방침을 세웠다. 이는 사고를 전 직원에 빨리 알려 전사적으로 해결에 임하기 위한 것이었다. 고야마는 "가장 중요한 것은 규모를 키우는 것이 아니라 스피드에 있다"고 말했다. "결정은 사장, 실무는 직원"이 그의 방침이었다. 고야마의 견지에서 지속적으로 이익을 내는 기업에는 한 가지 공통점이 있는데 그것은 조직이 강하다는 점이었다. 강인함은 직원이 일할 동기가 높은 수준으로 유지되는 요인이라는 것이다.

진짜 변화는 양에 의해 일어난다

고야마는 '감사카드'를 보내는 제도를 도입하였는데 그러자 사내

분위기가 한층 밝아졌다. 사기가 저하되는 직원은 '감사카드'를 작성하는 횟수도 줄어드는 것으로 나타났다. 매월 사원은 10장 이상, 일용직은 5장 이상을 작성하면 수당 5만 원을 받았다. 과장급 이상은 매월 20장 이상 작성하지 않으면 벌금이 5만 원이었다.

회사에서 '감사카드'가 늘어나자 커뮤니케이션이 원활해지고 직원의 모티베이션도 높아졌다. 고야마는 "진짜 변화는 양에 의해 일어난다"고 말했다. 양을 지속적으로 추구하면 질이 변한다는 것이 그의 신념이었다. 고야마가 추구했던 것은 결국 임직원이 정신력과 실력을 갖추게 하는 것이었다.

14

생각하는 힘

생각하는 힘

필자가 교육을 하는 기업들의 임직원들과 대화를 하면서 자주 물어보는 것에는 "귀하는 작년에 어떻게 보냈습니까?"라는 질문이 있다. 대부분의 사람들은 "나는 열심히, 최선을 다해서, 잘 했다"는 대답이 공통적인 대답이라는 사실이었다. 인간은 자신을 합리화하는 성향이 있다. 그렇지 않고 자신을 비판적으로 보려는 사람은 아마도 우울증 성향이거나 지나친 비관론자일지도 모른다. 인간은 항상 자신을 좋은 방향으로 생각하면서 스스로를 위안한다. 필자는 로저 폰 외흐, 모기 겐이치로, 마이클 르고, 가리야 다케히코 등의 저서와 여러 자료를 통하여 생각하는 힘의 중요성을 다시 확인하게 되었다.

생각하지 않으려는 경향

18세기 영국의 작가 호러스 월폴은 "인생이란 느끼는 자에게는 비극이며, 생각하는 자에게는 희극이다"라고 말했다. 삶에서 생각하는 능력은 매우 소중하다. 문제는 인간은 생각하지 않으려는 경향이 있다는 것이다. 작고한 영국의 철학자이며 수학자였던 러셀은 "인간은 생각하기보다 죽음을 선택한다"라고 말한 적이 있다. 이는 인간이 생각하기를 무척 어려워한다는 것을 지적한 말이었다. 인간이 생각한다는 것은 에너지가 무척 많이 소요되는 중노동일 수 있다. 인간의 두뇌 무게는 인체의 약2% 불과하지만 두뇌에서 사용되는 에너지는 전체 에너지의 20%가 된다고 하니 다른 신체기관의 10배를 소모하는 것이다.

감정적이고 충동적인 반응을 통제하는 것은 훌륭한 사고가에 절대적으로 필요하다. 버클리 캘리포니아대학의 연구에 따르면, 미국인들은 하루 평균 170분을 텔레비전이나 영상을 보는 데 소비하고 있다. 텔레비전을 시청하면 할수록 문자해독과 관련된 기술이 낮아진다고 한다. 미국 국립독해연구소에 따르면, 17살 백인 학생들 12명 중 오직 1명만이 전문적인 텍스트를 읽고 정보를 얻는 것으로 집계되었고 라틴아메리카계와 아프리카계 미국인들은 문자 해독률이 훨씬 더 떨어진다는 것이다.

판단을 제대로 하지 않는 함정

인간의 사고 형태는 여러 가지가 있다. 비판적 사고는 그 중의 하나다. 삶에는 함정이 많기 때문에 비판적 사고로 아이디어의 결점을 찾아내는 일은 중요하다. 인간이 '가정'을 하는 것은 상상력이며 이는 인간의 정신활동 중 매우 위대한 것이다. 하지만 가정은 판단을 제대로 하지 않는 함정을 수반한다. 토머스 에디슨은 새 조수를 채용할 때 습관적으로 소금을 치는 사람은 채용하지 않았다. 맛을 안 보고 소금을 치는 사람은 가정의 함정에 잘 빠질 수 있기 때문이었다.

글래드웰은 '블링크' 즉 직감에 의한 판단을 주장하였는데 이는 그릇된 결론으로 이어질 가능성이 높은 사고이다. 실제 사례에 의하면, 첫 인상으로 내린 순간적인 판단은 실패 가능성이 높다는 사실이다. 비판적인 사고는 관찰, 논리적 추론, 회의주의를 바탕으로 하고 있는데 이는 훨씬 더 나은 판단을 내릴 수 있게 한다. 의사결정에 있어 비판적 사고가 우월하다는 것은 이미 입증된 것이다. 요컨대 합리적인 사고와 지식이 모든 영역에서 중요하다.

비판적인 사고가 중요한 이유는 성급한 결론으로 건너뛰는 것을 피할 수 있게 해주기 때문이다. 생각은 비판적 사고의 바탕이다. 역사가 버트 제임스 로엔버그는 "비판은 창조적 사고의 효소"라고 말했다. 시각적인 매체는 눈과 감정을 자극하는 것이지 생각을 자극하는 것은 아니다. TV나 컴퓨터를 많이 사용하는 것은 반사적 반응을 일으킬 뿐이다. 한 조사결과에 의하면, 미국 10대들은 주당 13시간 비디오 게임을 하고, 주당 25시간 텔레비전을 본다. 직장에서 비판적이고 창조적인 사고는 중요하다. 비판적인 사고에는 열린 마음과 더불어 회의적인 태도가 요구된다. 이는 관찰과 더불어 시작된다.

모든 문제를 못과 같은 것으로 본다

천재적인 사람들의 아이디어라도 그들의 20가지 아이디어 중 19가지는 별 볼일 없는 것이라고 한다. 그만큼 쓸 만한 아이디어는 드

물다는 것이다. 요컨대 좋은 아이디어를 얻으려면 끊임없이 생각해야 한다는 것이다. 정신의학자 아브라함 매슬로는 "망치질만 전문적으로 하는 사람은 모든 문제를 못과 같은 것으로 본다"라고 말했다. 이는 선입견이나 단면적인 사고로는 좋은 사고를 할 수 없다는 것을 의미한다.

창조적인 사고란 지금까지의 방법이 반드시 최선의 것이 아니라는 것을 아는 것이다. 인간은 한 가지 시점에만 사로잡히면 전체를 보지 못한다. 좋은 아이디어를 얻기 위해서 여러 시각으로 자유롭게 폭넓은 관점을 갖는 것은 매우 중요하다. 단순히 '전례가 없다'는 것에 얽매이는 것은 단순한 사고이다. 다면적 사고는 단순한 생각이나 전례에 얽매이지 않는 사고이다. 이는 정말로 올바른 생각인지를 검증하는 것이다.

좋은 생각을 하려면 책을 읽는 것이 중요하다. 단순히 지식을 얻기 위한 것이 아니라 사고력을 단련하는 독서가 중요하다. 이는 생각하는 책읽기를 의미하는 것이다. 상대방 입장에 서서 생각한다는 것은 다면적 사고를 익히는 데 매우 중요하다. 다면적 사고란 여러 측면에 주목함으로써 상식에 사로잡히지 않는 사고방식이다. '왜?'라는 질문은 생각을 요구하는 질문으로 중요하다. 하나의 '왜?'로 끝나지 않고 잇달아 새로운 '왜?'를 낳고 관점을 바꾸어 생각하는 것은 매우 중요한 생각의 기술이다.

받아들이는 준비가 된 정신에 찾아온다

비즈니스 세계에서는 이런 '왜?'라는 질문형식보다 '어떻게 하면 좋을까?'라는 방법을 묻는 형식의 질문이 많다. 사물이나 사례의 공통점과 차이점을 생각하는 것이 필요하다. 그러기 위해서는 복수의 시각에서 사물을 볼 때 더 나은 발견을 할 가능성이 있다. 코카콜라에서 오랜 동안 사장을 역임하였던 도널드 키오는 "회사에서, 경력에서, 인생에서 할 수 있는 최고의 투자는 바로 생각이다"라고 말했다. 키오는 "생각을 하려면 시간을 투자하여야 한다"고 말했다.

생각하는 것은 비효율을 극복하는 중요한 수단이다. 좋은 생각은 훌륭한 관찰과 사색에서 비롯된다. 이는 서늘한 정신 즉 평온한 심적 상태를 요구한다. 생활이 너무 바쁘고 욕심이 많은 사람은 당장 무엇을 얻는 것에만 집착하기 때문에 훌륭한 생각을 창출할 수 없다는 사실이다. 감정이나 정신적 혼란은 관찰을 방해한다. 심리학자 윌리엄 제임스는 "현명해지는 방법은 볼 것과 안 볼 것을 구분하는 것이다"라고 말했다. 노벨상을 2번이나 수상한 라이너스 폴링은 "좋은 아이디어를 얻기 위한 최상의 방법은 되도록 많은 아이디어를 생각하는 것이다"라고 말했다. 많은 아이디어 중에서 옥석을 가려내야 한다.

19세기 프랑스 수학자 푸앵카레는 "우연은 그것을 받아들이는 준비가 된 정신에 찾아온다"라고 말했다. 기회를 잘 활용하기 위해서는 열린 탄력적인 정신이 필요하다. 대부분의 사람들은 새로운 것을 시도하지 않으려고 하며 자신을 합리화시킨다. 창조적인 사람들의 공통점은 유연한 사고를 한다는 것이다. 그들은 개방적이고 탐구심이 강하며 놀기 좋아하고 비상식적인 생각을 하기도 한다.

생각하는 힘은 위대한 능력

컴퓨터가 하지 못하는 것 즉 인간의 창조성 발휘는 더욱 중요하다. 보통 사람과 천재의 차이는 정말 사소한 것이다. 다양한 노이즈와 차이를 접해야만 인간은 창조성에 필요한 자극을 얻을 수 있다. 창조성의 최고 형태의 하나는 자기 자신이 변하는 것인데 자신의 변화는 가장 아름다운 창조인 것이다. 인간의 뇌는 임의의 것들을 관련짓는 놀랄 만한 능력을 가지고 있다. 로이 블리처는 "변화를 좋아하는 사람은 어린애뿐이다"라고 말했다. 어린이와 같은 순진한 마음이 그래서 중요하다.

연구에 의하면, 사회의 많은 문제들은 구성원들의 낮은 자존감에 그 뿌리를 두고 있다고 한다. 범죄자들은 자존감이 낮다는 특징이 나타나고, 자존감이 높은 사람들은 남들보다 행복지수가 높은 것으로 나타난다는 점이다. 1960년대 조지 거브너는 텔레비전을 많이 보는 사람들의 행동을 연구해왔다. 그는 텔레비전 시청 시간이 많은 사람일수록 의견, 신념, 사고가 경직되고 획일화되는 경향이 있다는 사실을 발견했다. 생각하는 힘은 위대한 능력이다. 생각하는 사람만이 결정적 경쟁력을 획득할 수 있고 치명적 결함을 피할 수 있다.

15

우수한 기업들-3

캐논

캐논의 미타라이 후지오 사장은 자신의 성공을 "운이 좋았다" "당연히 해야 할 일을 했다"라고 겸허하게 말하였다. 미타라이는 입사 후 3년 쯤 되었을 무렵부터 카메라 영업사원으로 영업의 최전선에서 뛰었다. 1966년 '캐논USA'가 설립되었고 뉴욕에 파견되었던 미타라이는 미국 세무공무원 스미스가 "이익이 정기예금의 이자에도 미치지 못하는 비즈니스는 존재할 가치도 없다"는 말에 '이익중시'라는 사고를 갖게 되었다. 1995년9월 전임 사장의 갑작스런 사망으로 미타라이는 사장에 취임하였다. 필자는 사카쯔메 이찌로의 저서와 여러 자료를 통해 캐논의 혁신을 알게 되었다.

혁신은 결국 '이익추구'을 목표로 한 것

미타라이 사장의 혁신은 결국 '이익추구'을 목표로 한 것이었다. 캐논에 있어서 디지털화되는 과정에서 경쟁력 있는 제품을 개발하고 환경변화에 적응하는 '변신력'이 매우 중요하였다. 캐논은 개인

용으로 'Q-PIC'라는 모델을 발표하였는데 시대를 너무 앞선 까닭인지 시장의 지지를 받지 못했다. 그 후 세계는 디지털 카메라 시대를 맞이하여 캐논도 1996년 신제품을 발매하였으나 참패했다.

미타라이는 디지털 카메라가 필름식 카메라를 대체할 것이라고 생각하지 못했는데 이 예측은 크게 빗나갔다. 캐논은 디지털 카메라에서 타사에 3년 정도 뒤처지게 되었지만 디지털 카메라와 관련된 특허를 캐논은 많이 소유하고 있었다. 카메라 기술이나 광학 기술에서의 캐논 우위는 분명했다. 캐논은 창업 이후 카메라가 핵심 사업이었다. 더욱이 캐논에는 프린터가 있었다. 디지털 카메라는 프린터를 사용하여 화상을 출력한다.

1997년1월 미타라이 사장은 디지털 카메라 그룹을 독립시켜 100명 정도의 개발부를 새로 편성하여 영상엔진과 주변부문 개발에 주력했다. 그 결과 2000년에 발매된 'IXY디지털'로 폭발적인 판매실적을 올렸다. 2001년에는 신영상 엔진을 탑재한 신기종을 발매했고 큰 호평을 받았다. 현재 캐논은 1년에 수십 종류의 신기종을 발표하고 있다. 캐논은 여러 가지 독자 기술을 가지고 있다. 영상엔진, 촬상소자, 상보성 금속산화막 반도체 등이 그것들이다. 캐논의 디지털 카메라의 시장점유율은 2003년에 17%로 상승했다. 캐논은 확실한 기초 기술을 갖고 있었기에 만회가 가능했다.

PC사업에서 철수하기로 선언

캐논이 PC사업에서 철수하기로 선언한 것은 1998년1월이었다. 캐논은 PC제조에서 LSI를 비롯한 주요부품을 개발하고 생산할 능력이 없었고 CPU는 인텔의 것을 사용했다. PC사업은 출발 이후 10년 이상 적자를 내고 있었다. 미타라이는 도시바 대표이사에게 "도시바는 PC사업에서 수익이 납니까?"라고 물었더니, "수익이 나지요. 도시바는 연간 280만대를 파는데 200만대를 밑돌면 채산이 맞지 않아요"라는 대답을 들었다. 캐논은 연간 70만대를 판매하고 있었다.

미타라이는 장기간 수익을 내지 못하고 미래가 분명하지 못한 사업이라면 폐쇄하는 것이 당연하다고 생각했다. 그는 PC사업의 철수를 시작으로 FLC디스플레이, 전자타이프라이터 등 7개의 사업을 폐쇄했다. 이는 엄청난 결정이었다. 미타라이는 PC사업에 종사하던 기술자들을 해고하지 않고 수익성이 있는 사업부로 이동시켰다. 캐논은 2001년 컴퓨터를 이용하지 않고 직접 프린터에서 출력이 가능한 디지털 카메라를 발매하였다. 이 방법은 업계의 표준으로 발전했다.

'곧 만회할 수 있다'는 안이한 사고

1995년 당시 캐논의 자본비율은 35.1%, 유이자 부채비율은 33.6%였다. 2조900억엔의 매출액에 부채는 8,300억 엔이었다. 캐논은 창업 이래 진취성이 풍부했다. 새로운 기술을 개발하면 기술자들은 시장 수요예측이나 개발, 생산체제를 조정하는 등의 절차를 생략하고 사업화하려는 경향이 있었다. 이는 '수익성이 없는 상품이 약간 있어도 히트 상품만 나오면 곧 만회할 수 있다'는 안이한 사고에서 비롯된 것이었다.

미타라이는 캐시플로를 중시하는 시스템을 도입하였는데 그 결과 '당장 쓸 수 있는 현금'의 다과를 쉽게 알 수 있었다. 자금원은 첫째, 감가상각비, 둘째, 순이익, 셋째, 매출채권과 재고 등의 처분에서 나왔다. 1995년 캐논의 설비투자는 연간 약1,300억 엔이었다. 연결경영을 추구하자, 본사부문과 자회사를 합한 전체의 모습이 일목요연해졌다. 그 결과 재고가 많이 감소했다.

캐논의 새로운 개혁은 '이익추구가 최우선'이고 '전체최적을 중시'하는 것이었다. 1995년 33.6%이던 유이자 부채비율이 2003년에 3.1%로 저하되었는데 이는 1/10로 줄어든 획기적인 것이었다. 자본비율은 35.1%에서 58.6%가 되었다. 사업활동의 제1보는 경영목표의 설정이었다. 미타라이는 "목표설정과 실행을 원활하게 하는 것은 '톱다운'이며 이는 리더십이다"라고 생각했다.

결단을 내리는 것은 경영자

최고경영자 미타리아는 "최종적으로 결단을 내리는 것은 책임자이며 경영자이다"라고 말했다. 그에게는 목표를 계량화하여 관리하는 것이 중요하였다. 그래야 막연하지 않고 분명히 달성할 수 있었다. 미타라이는 40년 이상 근무하고 있어 모두 알고 있는 듯한 기분이 들었는데 이는 착각이었다.

캐논은 종신고용제를 채택하고 있었는데 이는 교육투자의 효과가 축적되는 좋은 점이 있었다. 종신고용제의 효과로 2003년 캐논은 미국에서 거의 2,000건의 특허를 등록하여 IBM에 이어 2위를 차지하였다. 미국에서도 '우량기업'은 종신고용에 가까운 형태가 적지 않다고 한다.

문제는 종신고용제가 아니라 연공서열적 임금제와 결부되어 안이함과 타성이 발생하는 것이 문제였던 것이다. 캐논은 실력주의가 전통이었다. 이를 위해 승진시험이 있는데 시험은 2종류였다. 관리직에 오르려면 두 가지 시험에 모두 합격해야 하고, 시험에 두 번 합격하면 간부후보생이 되었다. 요컨대 공부로 실력이 갖춰 지지 않으면 승진이 불가능하게 되어 있다.

캐논의 실력주의

'자립형 인간'을 전제로 하는 캐논의 실력주의는 1937년 창업 정신에 그 기원을 두고 있다. 산부인과 의사였던 초대사장인 미타라이 쯔요시는 큐슈의 벽촌에서 태어났다. 캐논은 학력주의를 폐지하고 실력주의를 내걸었고 1967년 일본에서 일찌감치 주5일 근무제도를 도입하였다.

이사회는 월1회로 캐논의 최고 의사결정기관이다. 캐논의 회의는 점심식사 시간을 이용해서 열리는데 우동이나 메밀을 10분 정도 먹고 그 후 약 1시간이나 1시간 반 정도 회의를 한다. 오후 1시 반에는 끝낸다. 미리 배부한 자료를 통해 무엇을 논의할 것인지 모두 잘 알고 있고 논의는 격렬하다. 캐논은 낭비하는 시간이 거의 없었고 혁신의 분위기가 갖추어져 있었다.

캐논의 임원은 매일 아침 7시 반까지 출근하는 것이 관습화되었다. 8시가 되면 임원들을 회의실로 모여 아침회의를 시작하는데 내용은 다양하였다. 정보나 의견교환이 이루어지고 자유스러우며 가치관을 공유하게 되고 의사결정 속도가 빨라졌다. 9시가 되면 자동으로 해산되었다. 캐논에는 품의서가 없으며 관계된 임원만으로 결재하였다. 요컨대 모든 업무에 속도가 있다는 것이다.

조사를 해보니, 캐논에는 전세계에 통일된 제품코드가 없었다. 2년에 걸쳐 약20만 종류의 제품코드가 만들어졌다. 이로 인해 전세계의 재고가 단시간에 파악될 수 있었다. 설계를 하는 컴퓨터 시스템을 2차원 CAD에서 3차원 3D CAD로 교체하여 설계 실패를 줄이고 시간을 단축할 수 있었다. 그 결과 높은 수익률을 실현시켰다.

캐논의 '사업심의위원회'는 신규사업의 진입 여부를 판단하였다. 수익의 창출, 투자액의 회수가 가능한지를 심사하는 것이다. 3년 정도로 사업 계속 여부를 판단하고 판단이 어려우면 2년 연장하여 5년이 된 시점에서 최종적인 결론을 내렸다. 캐논에서는 간부양성으로 '캐논경영숙'을 운영하는데 7개월간 매주 토요일마다 하루 내내 교육을 시켰다.

'셀 생산방식' 도입

'셀 생산방식'이란 소수의 팀을 구성, 복수의 공정을 일관해서 작업하여 제품을 만드는 방식이다. 작업자는 성취감과 숙련도가 증가하고 의욕도 높아졌다. 처음에는 벨트컨베이어 방식보다 생산성이 낮았다. 그렇지만 반복해보니 익숙해짐에 따라 셀 방식의 생산성이 훨씬 뛰어나게 되었다.

1997년 처음 도입하여 3년쯤 지난 후에는 거의 모든 공장이 셀 생산방식을 도입하게 되었다. 셀 방식의 코스트다운 효과는 절대적이었다. 우선 30명이 하던 작업이 자꾸 줄어 결국 10명으로 가능하게 되었다. 셀 방식과 동시에 저스트인타임 방식도 도입했다. 이는 필요할 때에 필요한 양만큼 공급받는다는 재고관리 시스템이다. 그 결과, 과거에 3-4일분이던 부품재고가 6시간분 즉 1/5수준으로 단축되었다. 이는 운전자금을 줄이게 되었다.

셀 방식으로 공장 공간이 절약되었다. 셀 방식은 다품종의 제품을 병행하여 만들 수 있었다. 캐논의 캐시플로는 1997년12월 225억 엔의 적자였는데 2000년 1,338억 엔의 흑자, 2003년말 2,057억 엔의 흑자로 전환되었다. 엄청난 성과였다. 셀 방식 도입을 계기로 '마이스터' 제도를 도입하였다. 다기능공이 되면 마이스터로 선정되고 표창을 받는데 100명 이상이 있게 되었다. 슈퍼 마이스터가 되면 표창과 임금 인상도 되었다. 요컨대 현장에서도 실력을 우선으로 하는 풍조가 강화되었다. 실력이 끊임없이 향상됨에 따라 금형도 외부에 주었던 것을 내부에서 제작하여 부가가치를 내부에서 창출하게 되었다.

기초기술이 있지 않으면 제품화해서는 안 된다

미타라이 사장이 절대 양보할 수 없었던 것은 "확실한 기초기술이 확립되어 있지 않으면 제품화해서는 안 된다"라는 것이다. 1987년에 발매한 일안리플렉스 카메라 EOS-650도 기초기술을 중시하고 제품개발에 전념한 결과였다. 캐논은 철저히 기술을 연구하고 연마하는 풍토가 계승되어 왔다.

1930년대 카메라 제조업체로 출발하여 1960년대에는 전자탁상

계산기를 출시하였다. 복사기도 개발했다. 캐논은 '고성능 저가격'의 제품을 출시하여 큰 호평을 받기도 했다. 같은 성능의 카메라가 10만엔대였는데 'AE-1'은 40% 낮은 가격에 출시하였다. 전자화로 가격을 낮추었고 조작이 간편하여 호평을 받았다.

캐논의 비즈니스 모델은 독자적인 기술을 핵심역량으로 하였다. 캐논 경영진은 방향성이 없는 다각화는 수익구조를 악화시킨다는 것을 알았다. 캐논은 1980년에 세계에서 처음으로 드라이 토너를 사용한 콤팩트 복사기를 발매하여 호평을 받았다. 캐논의 생산 국제화는 1970년에 대만에 공장을 건설한 것이 해외공장의 제1호였다. 현재는 전 세계에 50개사의 생산회사가 있다. 다각화 전략과 국제화 전략도 확고한 기술이 있었기 때문에 가능했다.

캐논은 종신고용제에 실력주의를 더하고 캐시플로의 중시를 내세우고 있다. 이는 미국과 일본의 경영기법을 혼합한 것이며 '하이브리드 경영'이라고 불리기도 한다. 요컨대 '캐논식'이다. 미타라이 후지오의 혁신은 결국 정신력과 실력을 기반으로 성공한 것이었다.

캐논전자

캐논전자는 캐논의 자회사이다. 사카마키 히사시는 일본 캐논전자(주)사장으로 1940년생이다. 그는 1967년 캐논에 입사, 연구개발부에서 근무를 시작하여 여러 부문에서 경력을 쌓았다. 1989년 취체역 시스템사업부장, 96년 상무 취체역생산본부장 등을 거쳐 99년 3월 캐논전자 사장에 취임했다. 그는 취임 5년 만에 이익을 10배 이상 신장시키고 캐논전자를 고수익 기업으로 개혁하여 주목받았다. 사카마키는 저서를 통해 자신이 사장으로 취임하여 시작한 혁신의 과정을 밝혔다.

인원삭감은 최악의 방법이다

사카마키는 "인원삭감은 최악의 방법이다"라고 생각했다. 먼저 철저하게 '묵은 때'를 벗겨내고 비효율적 움직임과 낭비를 배제한다면 수익성 혁신이 가능하다고 확신했다. 그는 캐논전자에서 의자를 없애고 PC로 낭비하는 시간을 없앤 것이 가장 효과적이라고 생각하고 있다. 사카마키가 혁신을 시작하고 5년이 지나자 생산효율이 8배 가깝게 신장했다. 의자를 제거하여 많이 움직이고 커뮤니케이션이 원활해져 생산성이 향상되는 계기가 되었다. 사카마키는 PC 앞에 있는 시간의 약40%는 업무와 무관한 일을 하고 있다는 것을 알았다.

일본의 255만 개의 법인 중 68%가 적자법인이라고 한다. 1999년 사장으로 부임한 사카마키의 전문은 컴퓨터였다. 캐논전자는 카메라 등의 부품, 각종 자기헤드, 스캐너, 레이저프린터, 반도체 기기, 음식물쓰레기 처리기 등을 제조하였다. 1954년 캐논의 자회사로 설립되었고 모회사인 캐논에 전적으로 의존하고 있는 실정이었다.

사카마키가 사장으로 부임할 때 매출 경상이익률은 1.5%였는데 5년 후인 2004년에는 12.8%로 8.5배 이상 높아졌다. 1999년에 비해 공장의 공간사용 면적은 약70%로 줄었고, 전기료, 수도료, 이산화탄소 배출량도 각각 50% 삭감되었다. 캐논전자에서는 사원을 해고하는 일이 일체 없었다.

사카마키는 목표를 명확히 하였다. 그는 "1. 세계 최고수준의 고수익 회사가 되자 2. 무엇이든 반으로 줄여라"를 목표로 제시하였다. 그는 "이러한 목표가 무리라면 사람을 반으로 줄이겠습니다"라고 말했다. 이 목표는 달성되었고 2003년부터 "모든 것을 1/4로 줄이자"라는 목표를 제시하였다. 이는 결국 1/2을 또 1/4로 줄이는 것이며 8배의 경영개선, 생산성 향상을 목표로 하는 것이었다.

스스로 관찰하는 것이 우선

캐논전자에서는 설비투자도 1/10를 목표로 하였다. 사카마키는 혁신을 실행하기 전에 '관찰'하였다. 그는 캐논전자로 발령을 받고 1년 동안 정보를 모으는 일을 하지 않았다. 그가 스스로 관찰하는 것이 우선이었다. 누가 유능한지, 누가 어떤 일에 도움이 되는지를 충분히 관찰하고 조사하기로 하였다. 그는 100명 정도의 관리직을 매일 체크하였다.

그는 간부들 각자를 '업무전가형인가 아닌가' 여부를 관찰하였다. 업무전가형이 나쁜 이유는 막대한 낭비를 초래하기 때문이다. 사카마키는 상무 두 사람을 라인업무에서 제외시켰고 문제가 있는 부장은 부장대리, 혹은 과장으로 격하시켰다. 패자부활의 길은 열어놓았다. 그 당시에는 격하된 시점에서 스스로 회사를 그만두는 사람들도 있었다.

캐논전자는 1/4로 줄이기 운동 즉 재료의 삭감, 인원과 물자의 삭감 운동을 벌였다. 사카마키는 조경사업을 하고 배기가스로 나무가 죽지 않도록 전면주차하는 캠페인을 벌였다. 이를 3회 어기면 해고하는 규율을 만들었다. 주차장의 주차 상태가 엉망인 회사는 업무 효율도 엉망이라는 것이다. 어떤 젊은 사원이 이를 어겨 해고되었다. 업무자체와 주인의식은 매우 중요하였다. 같은 실수를 3번 반복하는 사람은 아웃된다는 것을 주지시켰다.

시간 단축과 활성화를 위해 회의를 선채로

사카마키는 2000년부터 회의시간 단축과 활성화를 기하기 위해

회의를 선채로 진행하기로 결정했다. 회의에서 "자기 의사가 없는 의견은 엄금"하였다. '‚‚‚것 같습니다." 등의 무책임한 표현을 금지시킨 것이다. 애매하고 무책임한 표현을 허락하면 모든 것이 무책임하게 되기 때문이었다. 이 방침에 어긋난 표현을 5번 이상 사용하면 회의실에게 강제퇴장 처분을 당하도록 했다.

또 하나의 규정은 회의에서 자신의 의견을 보충하기 위한 자료의 반입과 배포를 금지시켰다. 정말로 필요한 요점만 정리하여 발언하게 한 것이다. 서서 하는 회의를 진행시키자 발바닥이 자극을 받아 건강에도 좋고 뇌가 활성화되어 회의 시간도 단축되었다. 전사적으로 의자 철거작업이 진행되어 최종적으로 회의실과 사장실에서 의자를 없앴다. 그 결과 공간 절약이 되고 신문을 읽는 속도가 빨라지고 건강에도 도움이 되었다. 손님이 왔을 때만 의자를 가져오게 하였다.

원가절감에는 지혜와 연구가 필요

사카마키는 목표만을 제시하고 수단은 부하들이 생각하도록 했다. 그것이 성공에 빠른 길이었다. 그 과정에서 낭비를 철저히 배제하는 것이 중요하였다. 캐논전자는 '아침인사 운동'을 하기 시작하였다. 이는 커뮤니케이션 부족을 보완하기 위한 것이었다. 사카마키는 컴퓨터가 그의 전문이었다. 그는 PC의 조작이력을 조사하면 채팅이나 쇼핑 사이트 등에서 웹서핑을 한 시간이 드러난다는 것을 알고 있었다. 개발 등 특수부서가 아닌 이상, PC가 없어도 업무는 대부분 가능하였다. 일반적으로 이익률이 나쁜 회사일수록 PC대수가 필요 이상으로 많다는 것을 그는 알고 있었다. PC는 태만의 원인이 된다는 것을 알고 이를 혁신 대상으로 하였다.

캐논전자는 외주를 가능하면 사내에서 직접 제작하기로 하였다. 60만 엔 이상 하는 검사장치를 단 1만5천 엔에 사내에서 제작할 수 있었고 도금공장을 외주로 하면 10억 엔이 들게 되었는데 단돈 3천만 엔에 자체로 만들었다. 원가절감에는 지혜와 연구가 필요하였다. 사카마키는 모든 작업장에서 공간을 삭감하는 활동을 했다. 불필요한 이동을 없애 생산효율, 작업효율을 향상시키려는 것이었다. 치치부사업소의 공간은 99년 약43,000m² 이었으나 5년 후인 2004년에는 약13,000m² 로 70% 가량 축소되었다. 에너지 절약도 되었다.

캐논전자는 환경 보존, 품질 향상, 비용과 납기의 개선을 추구하였다. 또한 불량품을 최소화하는 데 노력하여 1999년 166ppm에서 2004년에 1ppm으로 경이적인 감소를 보였다. 캐논전자는 빨리 불량을 발견하고 신속하게 대처하는 것을 방침으로 하였다. 캐논전자는 '3자 정신'이 있다. 자각, 자발, 자치를 말한다. 이는 역할을 자각하여 자발적으로 행동하고 자신은 스스로 관리하라는 것이다. 이것의 기본은 자기계발이었다.

책을 읽는 것이 가장 빠르고 좋은 방법

캐논전자의 작업자가 빠른 속도로 작업할 수 있는 것은 의식강화가 철저하기 때문이었다. 작업시간을 점수화하여 설정한 기준을 분명히 하도록 요구하자 작업 시간이 빨라졌다. 사카마키 사장은 직원들이 자기계발을 할 수 있는 계기를 만들어주었다. 이를 위해서 책을 읽는 것이 가장 빠르고 좋은 방법이었다. 사카마키 자신도 독서를 무척 좋아하였다. 학습하여 얻은 실력으로 고객에게 무언가 가치를 제공할 수 있어야 한다는 것이다.

그가 자회사인 캐논전자의 사장으로 취임하여 5년 동안 임직원들의 정신력과 실력 향상을 추구한 결과는 결국 경상이익이 8.5배 증가하였고 캐논전자는 뛰어난 기업이 되었다. 모회사 탓을 하며 무기력한 길을 갔던 자회사는 스스로의 힘으로 뛰어난 기업이 되었던 것이다.

유니참

다카하라 게이치로는 1931년생으로 1953년 오사카시립대학 상학부를 졸업하고 직장생활을 거쳐 1961년 유니참을 설립하여 매출액 2조원이 넘는 아시아 최고의 위생용품 회사로 성장시켰다. 그는 61년 회사를 설립하고 하루도 거르지 않고 '살아 있는 현장'을 노트에 기록하였는데 한 권 한 권 쌓여 700권의 노트가 넘었다. 어떤 문제에 대한 해답을 찾고 싶을 때 그는 '현장 노트'를 펼쳤다. 그는 자신의 저서를 통하여 그의 경험을 알려주었다.

반복하다보면 결국에는 비범한 경지

다카하라의 특징 하나는 맡은 일을 포기하지 않는 끈기였다. 그는 평범한 것을 겹겹이 쌓아올리듯 반복하다보면 결국에는 비범한 경지에 오를 수 있다는 사실을 깨달았다. 이것이 현장에서 그가 체득한 진리였다. 유니참은 여성용 생리용품과 아기와 노인을 위한 기저귀 생산을 하는데, 남성 영업사원들도 종이기저귀와 여성용 생리용품을 바지 안에 착용한 채 판매 현장에 나가기도 했다. 기업의 성과에는 반드시 현장 감각이 반영되기 때문이다. 그는 미국 시찰에서 소비자들이 주눅들지 않고 당당하게 생리용품을 사는 모습을 보았다. 그것을 보고 생리용품을 개발하겠다는 생각을 하였다.

"기업가는 소비자가 느끼는 불편, 불평, 불쾌, 부족 등을 현장에서 관찰해야 한다"고 다카하라는 말했다. 그는 하고 싶은 일보다 '해야 할 일'을 하는 편이 가치 있는 일을 찾는 데 도움이 된다는 것을 알았다. 유니참 기저귀는 접착테이프가 사각이어서 끝 부분이 아기의 피부에 닿아 빨갛게 부어오르곤 했다. 그래서 다카하라는 그 부분을 둥글게 개선하였다.

아기가 선채로 입거나 벗을 수 있도록 팬티형 기저귀를 개발하게 된 것은 현장을 본 후에 아이디어가 나온 것이었다. 현장주의에는 즉시 뛰어드는 속도가 요구되었다. 다카하라는 "성장하는 사람은 차례대로 밟아 올라가는 사람이다. 작은 승리를 거듭하는 것이 바로 큰 승리이다"라고 말했다. 그는 젊은이들에게 "끈기 있는 머리를 가져라"고 권했다. 다카하라는 연구를 통해 종래 생리대의 1/3 정도에 불과한 아주 얇은 생리대를 탄생시켰다. 가격은 무려 5배 높게 매겼는데 한 동안 팔리지 않다가 고품질 고기능의 상품임을 인정받자 공급이 달릴 정도로 팔렸다. 기존의 상식, 과거의 생각을 버리는 것이 변화의 시작이었고 그것에는 용기가 필요하였다.

자만심이 사업의 정체와 하락으로

다카하라는 '엉뚱한 사람, 상식에서 벗어난 사람, 인간 관계가 원만하지 못한 사람'의 아이디어를 일단 눈여겨보았다. 좋은 아이디어의 파격적인 발상은 '민주주의'나 '협의'에 의해 나타나는 경우가 거의 없다는 것을 그는 체험으로 알고 있었다. 그것은 한 명의 비범한 사람에게서 나온다는 것이다. 다카하라는 "자만심이 사업의 정체와 하락으로 이어진다"고 말했다. 소니는 평면 브라운관만을 고집하다가 액정TV와 플라스마TV로 이동하는 것이 늦어 '소니 쇼크'로 불리는 곤경에 빠졌다는 것이다.

다카하라는 집요함과 끈기도 능력이라고 생각했다. 그는 "능숙해지고 싶다면 한 가지 일을 정하고 그것을 반복하라"고 말했다. 가장 중요한 것은 반복이며 반복할 수 있는 끈기, 집요함이 대단히 중요하다는 것이다. 그에게는 한 번 '개혁'의 불꽃을 터뜨리는 것보다는 열 번 착실히 '개선'해 나가는 것이 중요하였다. 그가 오랫동안 계속해온 것이 '메모하기'였다. 그 결과 메모 노트가 700권이 넘었다.

변명보다 반성을 우선하는 사람

다카하라는 "발전해가는 사람은 변명보다 반성을 우선하는 사람이다"라고 말했다. 스스로 반성하는 마음속에 경쟁력이 생긴다는 것이다. 그는 꾸준한 공부에서 통찰력이 생긴다는 것을 깨달았다. 그의 회사는 실력주의를 도입하면서 기본적으로 장기고용을 전제로 하였다. 개인을 성장시키는 것이 회사도 성장한다는 것을 그는 확신하였다.

다카하라는 "상사의 진정한 역할은 명령하는 것이 아니라 자극하는 것이다"라고 말했다. 그는 학습이 인간을 자극하며 성장의 원천이 된다는 사실을 알고 있었다. 또한 의욕과 기개로 일에 몰두하는 인재가 필요하다는 것을 알았다. 다카하라는 능력 있는 사람은 대체로 건방지다는 것을 알았고 능력 있는 사람은 건방져도 후하게 대접했다.

"리더는 겸허한 태도로 지식을 습득하려는 태도가 있어야 한다"라고 다카하라는 말했다. 이는 상사가 현장을 잊지 않고 끊임없이 가르치고 배워야 한다는 것이다. 그의 회사에는 "혼신을 다해 노력을 계속하는 넘버원"이라는 전통이 있었다. 이는 기업의 사회적 사명을 성취하는데 매우 중요한 조건이었다. 다카하라는 '정당한' 상품은 잘 팔린다고 생각했다. 타인의 이익에 봉사하는 마음이 매매를 활성화하는 대단히 중요한 요소라는 것이다.

인생은 배우는 과정의 연속

다카하라는 '80세 현역론'을 주장하였다. 그는 사단법인 '다카하라기금'을 창설하여 자연보호 운동에 사재를 털어 넣었다. 그는 "사람은 죽을 때까지 수행의 길을 걸어야 하며 인생은 배우는 과정의 연속이다. 공부를 게을리 하지 않는 인생은 인간의 도량을 크게 한다"라고 말했다 그의 회사가 지금까지 혁신을 지속하며 이익을 내고 있는 것은 경영자 스스로 정신력과 실력을 향상시키는 데에 진력하고 있기 때문이다.

다카하라는 현재의 유니참을 설립하여 약50년 동안 현역 CEO로 일해왔다. 유니참은 일본 시장점유율1위, 최고품질의 여성용품 및 종이 기저귀를 생산하는 대표기업으로 성장시켰으며 1980년 도쿄 중시에 상장했다. 그는 "섭씨 100도가 넘는 순간 물이 끓고, 212도가 넘으면 증기기관차가 움직인다. 마법이 있다면 그것은 단 하나, 바로 계속하는 힘이다"라고 말했다. 그가 오랜 동안 사업을 해오면서 장기간 최고경영자로 일하는 것도 지속성을 중시하고 스스로 긴장을 유지하기 때문이었다.

다카하라는 29살에 회사를 설립하였는데 유니참은 4,400명이 넘는 직원을 거느린 큰 회사로 성장했다. 그는 일본의 아오키 주로라는 첼리스트가 90세에도 매일 4시간 하루도 거르지 않는 오랜 연습으로 갈비뼈가 두꺼워져 엑스레이를 찍어도 폐가 나타나지 않는다는 사실에 감동하였다.

문제의 원인을 나 자신에게서

유니참에는 '원인지분론'의 조직 풍토가 자리를 잡았다. 실패와 문제의 원인을 남이 아닌 나 자신에게서 찾아야 한다는 것이다. 겸허한 자세로 실패의 원인을 바로잡아가는 것이 원인지분론이다. 다카하라는 일본의 대표적 풍속화가였던 가츠시카 호쿠사이는 73세에 36경을 그렸으며 100세 때에 101점의 작품을 완성했다는 것에 큰 의미를 느꼈다. 뜻을 세우는 데는 늦음이 없다는 것이다.

"나는 습관이 되기까지 멈추지 않는 재능만큼은 갖고 있는 듯하다. 계속하는 것이야말로 진정한 힘이다"라고 다카하라는 말했다. 인생은 배움의 연속이며 계속해서 뭔가가 되기 위한 과정이라는 것을 그는 명심하였다. 그는 "책을 읽는 것은 마음의 양식을 얻고 경험하지 못한 것을 흡수하고 다양한 지혜를 얻을 수 있다. 나는 독서를 매우 중요하게 생각한다"라고 말했다.

사회에 공헌할 때 존재가치

그는 "사업을 통해 사회에 공헌할 때 존재가치가 생기는 것이다"라고 말했다. 무언가 향상을 위해 매일 학습을 지속하는 것은 바로 이러한 가치관에서 나온 것이다. 그가 오랜 동안 최고경영자로서 열정을 품고 있는 것은 '평생 청춘의 인생을 살아라'는 자신의 좌우명과도 일치하는 것이었다. 다카하라는 "솔직한 향상심과 반성하는 마음을 잃지 않아야 한다"고 강조하였다. 이는 끊임없이 정신력과 실력을 향상시키는 삶의 길을 가는 것이었다.

교토의 회사들

남에게 의존하지 않는 정신

필자는 여러 차례 일본의 교토를 방문했었다. 교토는 8세기경부터 일본의 수도로서 기능하였으며 도쿠가와 이에야스가 실질적인 수도 기능을 옮기기 전까지 일본의 중심이었다. 교토에 있는 우수 기업들의 공통점은 개성적인 사장이 있고 이들은 절대적인 자신감과 이념, 전략 등에서 뛰어나다는 점이다. 이들은 합리적 경영으로 활력이 넘치며 고된 업무를 감당하고 있었다. 이들은 새 것에 대한 호기심, 스스로의 판단에 대한 자신감이 특출하였다. 필자는 스에마쓰 지히로의 저서와 여러 자료를 통하여 교토 기업들의 특징을 더 알게 되었다.

교토의 기업들은 독립심이 매우 강하고 자존심도 강하다. 빚지기를 싫어하는 이들의 재무구조는 당연히 튼튼하며, 이익을 중시하여 비용의식이 철저하다.

이들은 일본의 중심 역할을 하려는 욕구가 강하여 정보기술의 중요성을 인식하고 제품에 대한 열정이 있고 정부 의존도가 낮다. 요컨대 교토 기업인들은 '반골정신'과 '비판적 정신'이 두드러진다. 학문적으로도 독립정신과 자주적 연구심이 강하기 때문에 교토대학에는 노벨상 수상자가 많다. 교토시의 인구는 약 120만 명이다.

뛰어난 기술에 집착하는 경향

교토의 우수 기업들은 남보다 뛰어난 기술에 집착하는 경향이 있으며 스스로를 특화하였다. 이들은 경쟁력이 뛰어나 시장에서 높은 점유율을 가지고 있다는 점 등이 특징이다. 교토의 우량 기업들은 자금효율이 높고 IT기술을 활용한 최첨단 사업에서 두각을 보이고 있으며 인재 활용이 매우 효과적이다. 이들 교토의 우량 기업들에는 교세라, 롬ROHM, 일본전산, 무라타제작소, 호리바제작소, 옴론, 도세, 니치콘, 일본전지, 삼코인터내셔널 등이 있다.

무라타제작소는 세계적으로 세라믹필터 점유율이 80%, 세라믹공명기 점유율 80%, 적층세라믹콘덴서 점유율이 50%나 된다. 호리바제작소는 계측기 세계 시장점유율 80%이고 반도체제조용 가스제어장치 점유율 35%, 그밖의 계측기계 분야에서 세계적인 점유율을 차지하고 있다. 일본전산은 하드디스크용 스핀들모터 전세계 점유율이 70%, 소형모터도 높은 점유율을 가지고 있다. 롬은 주문형LSI에서 세계 점유율 67%를 차지한다.

교세라는 파인세라믹스에서 일본시장 점유율 1위이며 다수 제품에서 세계적으로 높은 점유율을 보이고 있다. 일본전지는 납전지에서 일본시장의 90%를 차지하고 리튬이온 전지부분에서 일본최고의 점유율을 가지고 있다. 옴론은 제어시스템 분야에서 일본시장 최고 점유율을 차지하고 있다. 도세는 외주 게임개발 시장에서 일본에서 독점적 지위를 확립했고 삼코는 반도체 박막제조장치에서 세계 최고의 메이커이다. 니치콘은 차입금이 전혀 없이 우수한 현금흐름을 보이고 있다.

MK택시는 일본에서 최고의 실적과 최고의 서비스로 정평을 얻고 있는 운수회사이다. 이 회사는 모든 차량에 GPS를 설치하여 본부가 직접 차량을 효율적으로 관리하며 기사의 친절하고 정중한 접객은 정평이 나 있다. MK택시는 1960년 한국 출신의 유봉식이 창업하였다. 이 회사의 서비스 정신과 고객 지향적 경영은 유명하다. 창업자인 유봉식은 놀라운 사업 능력을 발휘하였다. 일본에서 최고의 운수기업으로 자리를 매기고 있다.

주종관계가 아닌 대등한 관계를 추구

교토의 우량 기업들의 공통점이자 특징에는 '개방적 수평분업 전략'이 있다. 이는 많은 기업과 수평적 거래관계를 맺는 것을 의미한다. 이들은 일본 중심역할만이 아니라 많은 기업들과 주종관계가 아닌 대등한 관계를 추구하면서 사업에서 협력관계를 도모한다. 합리적 사고방식이 이들의 전통이다.

도세는 다수의 메이커와 거래하면서 게임개발을 수주하고 있다. 이 회사는 적자를 본 적이 한 번도 없었고 무차입 경영을 계속하고 있다. 일본전산그룹은 전체 67개사를 거느리고 있다. 이 회사는 경영합리화를 철저히 추구하며 개혁을 위해 6S 즉 정리, 정돈, 청소, 청결, 작법, 예의범절을 철저히 수행한다. 교토의 우량 기업들은 워낙 뛰어난 실력을 자랑하기 때문에 전세계적으로 많은 고객을 보유하고 있고 개방적인 관계를 추구한다. 니치콘은 1950년에 창업하여 전자부품 특히 콘덴서를 주력으로 하며 강한 경쟁력을 갖고 있다.

교토 사람들은 오랜 역사적 전통이 있고 많은 지역과 관계를 맺어왔기에 합리적인 사고방식을 보인다. 교토의 우량 기업들도 독창성, 향상심, 정신력, 합리성 등이 확실하다. FM교토는 해당지역(오사카, 교토, 시가, 나라, 효고 등)에서 전체 방송의 40%, FM방송 중에서 50%의 청취율을 가지고 있는데 전국 네트워크에 속하지 않고 독립된 사업을 펼치고 있다. 이는 독자적인 프로그램을 펼친다는 것이다.

교토의 우량 기업들은 책임과 역할을 명확하게 하는 경향이 있다. 이들에게는 끊임없이 정신력과 실력을 향상시키는 강력한 동기가 있다는 사실이다. 그것이 이들을 가치 있게 존속시키는 원동력이었다.

16

반성의 위대한 힘

반성의 위대한 힘

2000년 미국의 주식시장이 붕괴되면서 신출내기 기업들은 대부분 문을 닫았다. 특히 닷컴 기업들은 타격을 더욱 많이 입었다. 닷컴 붐 시대에는 엄청난 수준의 혁신이 있었다. 들쥐 때처럼 엄청난 신생 기업들이 나왔으나 거센 풍파가 닥치자 속수무책으로 도산하는 기업들이 많았다. 도산한 기업들의 특징은 성공에만 초점을 맞추지 자신의 몰락을 생각하지 않는다는 점에 있었다. 닷컴 시대에는 고객의 문제에 대한 해결책을 최우선 순위에 두는 기업이 거의 없었고 고객들이 구매하고 싶어하는 상품을 제공하지 못했다.

엄청난 자신감을 가진 자는 스스로를 반성

엄청난 자신감을 가진 기업이나 개인은 오히려 스스로를 반성하면서 자신의 모습을 재충전시켜 다시 도전하는 용기를 보였다는 사실이다. 스티븐 브라운과 주디스 허위츠는 저서를 통하여 기업들의 흥망을 알려주었다. 기업의 경쟁력은 실력만으로는 부족하다. 결정적 경쟁력은 실력만이 아니라 정신력이 절대적으로 필요하다. 정신력은 자신감, 열정, 긴장감이며 시장을 보는 분별력도 정신력의 한 요소이다.

에이질리언은 상상 이상의 기술을 가지고도 실패한 기업의 표본이다. 1998년에 설립된 에이질리언은 매우 저렴한 비용으로 고객들을 상거래 플랫폼에 접근하게 해주었다. 에이질리언은 사세를 확장하기 위해 슈퍼볼 기간에 엄청난 광고비를 들여 광고하면서 많은 자금을 소진하였다. 더 심각한 문제는 플랫폼 지원 인프라를 완전히 구축하지 못하였는데 2001년 자금조달에 실패하여 파산을 선언했다. 이 회사는 한참 잘 나갈 때에 스스로 반성하는 기미가 없었고 그저 돌진만을 추구하였던 것이다.

수많은 부침을 거듭했다는 사실

뛰어난 기업이나 뛰어난 인물들도 성공자로 자리를 잡기까지는 수많은 부침을 거듭했다는 사실이다. 할리우드에서 제작한 영화 10편 중 8편은 실패하고 한 편에서 큰 돈을 번다고 한다. 방송인으로 큰 성공을 얻은 오프라 윈프리는 "당신 외모는 TV에 전혀 어울리지 않는다"는 혹평을 첫 직장에서 받았다. 그녀가 이러한 시련을 딛고 일어서지 않았다면 그저 평범한 무명인으로 사라졌을 것이다. 시련을 견디며 끝까지 생존하여 스스로를 성공자로 자부하는 사람들의 특징 하나는 엄청난 자신감이었다.

엄청난 자신감은 자만심이나 허풍과는 구별된다. 엄청난 자신감은 자신의 정신력과 실력을 오랜 동안 연마해오면서 갖게 되는 확고한 자신감과 같은 것이다. 마돈나는 엄청난 자신감을 가지고 있다. 그는 사람들의 비난을 아랑곳도 하지 않고 오히려 비난을 최대한 이용하여 자신을 선전하였다. 엘비스 프레슬리를 빼고 지금까지 가장 많은 히트곡을 낸 가수는 마돈나였다. 댄서 지망생이었던 마돈나는 이름이 마돈나 루이스 베로니카 치콘느인데 1978년에 뉴욕으로 갔다. 그녀는 1982년 댄스곡 '에브리바디'를 녹음하게 되었다.

마돈나 루이스 베로니카 치콘느

그녀는 영화에 출연하였으나 혹평을 받았다. 이에 주눅이 늘 마돈나가 아니었다. 마돈나는 그 후 '에비타'에 출연하여 당당한 연기를 선보였다. 여세를 몰아 그녀는 여러 싱글 히트곡을 발표하였고 영화와 장편 다큐멘터리에 출연했다. 그녀는 엄청난 자신감을 가진 비즈니스의 천재였다. 특히 자기선전에 관한 한 결코 뒤로 물러서지 않았다. 그녀의 개인재산은 5억 달러로 추정되는데 검소한 생활과 적극적인 사업 마인드로 유명하다.

그녀는 지독한 완벽주의자이며 소송을 잘 걸기로 악명이 높으면서 까다로운 협상가이다. 그녀는 함부로 많은 광고에 출연하지 않았다. 오히려 광고에 출연하는 것을 삼가면서 적당히 횟수를 조절하였다. 그녀의 거침없는 언행은 유명하다. 그녀는 가수생활 초기부터 자신에 대한 자부심이 강하였다. 그녀는 공연을 할 때 앙코르에 응하는 법이 없었다. 오히려 관객들이 딱 아쉬워할 때 끝내곤 했다. 그녀는 공연날짜도 엄격히 제한하였다.

그녀의 공연티켓은 조기 매진되었다. 그 덕분에 광고 및 홍보비용도 절감되었다. 마돈나의 전략은 대담하게도 '반대로 하기'였다. 그녀는 속옷을 걸친 채 공연을 하기도 하지만 절대로 관객들에게 영합하지 않았다. 그녀는 대담하고 강인하며 기죽지 않는 기질로 유명하다. 공연에서 관객들은 그녀의 노래도 좋아하지만 그녀의 엄청난 자신감에 정신을 잃고 빠져버렸다.

연극 '고도를 기다리며'는 새뮤엘 베케트의 대표적 작품이다. 약 50여년 전, 연극 '고도를 기다리며'는 조롱과 야유를 받으며 최악의 결과를 맞았다. 그럼에도 베케트는 다시 도전했다. 베케트의 첫 소설은 출판사로부터 42번이나 거절당한 끝에 초판을 인쇄할 수 있었는데 그는 결국 노벨문학상을 수상했다. 끈질김과 엄청난 자신감은 인간을 인내하게 해주는 힘이 있었다.

혁신하는 겸허함을 보일 때만이 생존할 수

애플사의 스티브 잡스는 세상을 떠났다. 잡스의 경영자로서의 능력은 애플의 성공에 크게 기여하였다. 스티브 잡스는 애플의 창업자였는데 애플은 1976년 23살의 잡스와 26살의 스티브 워즈니악이 공동으로 설립했다. 애플은 1970년대 말 혁신적인 PC를 출시하여 성공을 거두었다. 애플은 초고속 성장을 하여 1980년에 주식시장에 상장했다. 애플이 출시한 애플2는 눈부신 성공을 거두었는데 애플3은 재앙을 초래하였다. 애플은 1982년 65만 대의 컴퓨터를 판매했고 10억 달러의 매출을 달성했다. 1982년 존 스컬리가 사장으로 영입되었다. 애플은 1984년 매킨토시를 출시했다.

애플의 내부에서 스티브 잡스와 새로운 경영진간의 알력이 끊이지 않았다.

잡스는 오만하고 성질이 더럽고 술수를 쓰는 경향이 있었다. 이전에 그는 오리건에 있는 문과대학에 입학하였는데 결국 중퇴하였다. 잡스는 조울증 환자보다 더 심한 인생의 부침을 겪어왔다. 그는 툭하면 계약을 어기고 주변 사람들을 배신하곤 했다. 잡스는 고객을 비롯해 타인을 전혀 신경 쓰지 않는 타입이었다. 그는 사람을 면전에서 창피를 주고, 직원들에게는 "밥값을 하라"고 들볶아대는 스타일이었다.

애플의 이사회는 혁신적이고 성격이 불안정한 스티브 잡스보다는 좀더 안정된 성격의 스컬리를 옹호하였다. 결국 1985년에 CEO였던 스컬리는 스티브 잡스를 해고하였고 혁신은 시들해졌다. 애플에서 해고된 잡스는 '넥스트'사라는 컴퓨터 회사를 설립했다. 1988년 애플은 저가용 '아이맥'을 출시하여 성공했다. 1996년 스티브 잡스의 '넥스트'사를 인수한 애플은 잡스를 감사로 임명하였고 잡스는 애플에 복귀하였다. 당시 최고경영자였던 아멜리오가 해고되었고, 잡스가 최고경영자로 임명되었다.

애플에서 혁신 제품으로 나온 아이팟은 사용자의 편의성을 높였고 성공했다. 애플의 주가는 1984년 25달러에서 2010년 300달러를 돌파했다. 아이팟의 성공에 뒤이어 아이패드가 혁신을 이어갔다. 애플은 벼랑 끝에서 살아났다. 그에 이어 스마트폰인 아이폰이 전 세계를 강타하였고 애플은 최고의 기업으로 번영하는 것처럼 보였다. 애플이 앞으로 스스로 반성하고 끊임없이 고객을 위하여 혁신하는 겸허함을 보일 때만이 생존할 수 있다는 사실이다.

반성하는 기업만이 낙오되지 않는다

성공하는 기업들은 혁신, 실용주의, 변화에 전략의 초점을 맞추었다. 혁신은 경쟁에서 선두를 달리는 비결이었다. 성공하는 기업은 혁신을 지속하며 고객의 기대를 충족시켰다. 고객의 고충을 해결할 때만이 혁신의 가치를 드높일 수 있다는 것이다. 고객을 성공시키는 데에 초점을 맞추지 않고 기존 기술에만 매달리는 기업은 시장에서 도태되었다. 사용하기 불편하고 어려우면 고객이 변심한다는 사실이다.

시장에서 가장 중요한 것은 고객에게 신뢰를 주는 것이었다. 고객의 문제를 해결해주지 못하면 위기에 처할 수 있다. 기발한 공학기술을 창안하더라도 그것을 상용화하기까지는 수십 년이 걸렸다. 테크놀로지 시장에서 성공을 거두기 위해서는 타이밍이 관건이었다. 시장에서 살아남으려면 새로운 기술이 문제의 해결방법임을 부지런히 알려야 하고 고객들의 행동패턴을 예측해야 하였다.

성공하는 기업들은 고객의 문제를 해결해주었고 독특한 아이디어를 창출하였으며 그 아이디어를 능숙하게 실천하였다. 그에 더해 절묘한 타이밍에 시기적절한 상품을 출시했다. 무사안일주의와 관료화는 위험하다. 중요한 교훈은 혁신한다고 성공이 보장되지는 않는다는 것이다. 성공하는 기업들은 혁신을 거듭하면서 시장 변화에 적응해왔다. 이들은 성공에 안주하거나 오만해지지 않고 경쟁에서 낙오되지 않도록 겸허하게 배우고 향상시켜 왔다. 반성하는 기업만이 낙오되지 않는다는 사실이다.

경험했던 많은 실패를 염두에

P.T.바넘이라고 불리는 피니스 테일러 바넘은 역사상 최초의 경영컨설턴트였다. 바넘이 경영하던 제롬시계제조회사는 파산하였다. 1856년 제롬시계제조회사가 파산하기 전까지만 해도 P.T.바넘은 미국에서 가장 부유한 사람 중 한 사람이었다. 그 후, 그는 청과물 상점을 경영하다가 망했고, 신문사를 운영하다가 망했다. 바넘은 반성하였고 실패를 거듭하지 않기 위해 생각했다.

바넘은 무대에서 흥행하는 사업을 시작하였다. 그는 물고기 공연 등으로 재미를 보았는데 난쟁이 찰스 스트래튼을 새롭게 등장시켜 공전의 대히트를 기록했다. 1854년 자서전 'P.T.바넘'을 쓴 바넘은 자신의 기만술, 선전술, 속임수를 자랑했다. 그는 엄청난 자신감의 소유자였다.

바넘은 뉴욕에 아메리칸 브로드웨이 뮤지엄을 소유하고 있었다. 그는 부동산 개발의 달인이었다. 그는 '돈 버는 기술'이라는 주제로 강연을 하기 시작했고 전국을 누비고 다녔다. 그의 돈벌이 강연은 흥행 만점이었다. 바넘은 마케팅에 가장 역점을 두었는데 그는 '자기가 하는 사업을 광고하라'고 강조했다. 바넘은 엄청난 자신감의 소유자였는데 자신이 경험했던 많은 실패를 염두에 두었기 때문에 자만하지 않았다.

수십 년 전에 있었던 유명 회사들 중에는 다음과 같은 회사들이 있었다. 컴퓨터 업계에서 기술혁신이 이루어지는 과정에서 혜성처럼 등장했다가 사라진 유니박, 코모도어, 앨테어, 프라임컴퓨터, 데이터제너럴, 왕연구소, 알타비스타, 넷스케이프, 익사이트, 라이코스 등과 같은 업체들이었다. 이들은 자신들의 엄청난 성공에 도취되어 반성하지 않았다는 공통점이 있었다. 아무리 뛰어나고 시운이 맞았어도 성공을 지속하려면 겸허해야 하였다. 그래야 치명적인 결함을 갖지 않는다. 삶은 결코 호락호락하지 않다는 사실이다.

결정적 경쟁력의 원천

라이프니츠

고트프리트 빌헬름 라이프니츠(1646-1716년)는 미적분학을 체계화한 당시의 대표적 학자였다. 그는 모든 교육이 추구해야 할 목표로 '성격의 완성'을 강조하였다. 다방면에 광범위한 지식을 갖춘 그는 법률가, 수학자, 물리학자, 화학자, 철학자로 활동했고 베를린 학술원의 의장직을 역임했다.

라이프니츠의 아버지는 라이프치히대학의 윤리학 교수였다. 라이프니츠는 언제나 학교에서 가르쳐주는 수준을 훨씬 앞질러 있었다. 그는 자주 자신을 독학자라고 불렀다. 그는 거의 모든 지식을 혼자서 습득했다. 그는 "나는 이야기책을 읽는 데 대단한 재미를 느꼈다"라고 말했다.

이해할 수 없는 데는 뛰어넘어갔다

라이프니츠는 "책에 있는 단어들을 읽고 불분명한 것들에는 별로 신경을 쓰지 않고, 또 전혀 이해할 수 없는 데는 뛰어넘어갔다. 내가 반복해서 이런 식으로 책 전부를 대충 읽은 다음, 얼마 후에 이런 식으로 처음부터 다시 하니까 훨씬 이해가 잘 되었다. 이렇게 자습을 해나가자 점점 대부분의 내용들이 훨씬 분명해지고 거기서 더욱 깊은 의미를 찾아낼 수 있게 되었다"라고 말했다.

라이프니츠는 이해하려고 하거나 외우려고 하는 기존의 학습 습관에서 벗어나 독특한 방식으로 학습하는 방법을 일생 동안 구사하였다. 이 학습 방식은 그에게 놀라울 만큼의 엄청난 학습량을 소화할 수 있게 해주었다. 그는 10살이 되면서 그리스어, 라틴어도 완벽하게 구사했다. 후에 논리학에서 커다란 수확을 거두었다. 어린 라이프니츠는 아버지의 도서관에서 책들을 찾아 읽었다.

그는 항상 새로운 길과 새로운 가능성을 찾아 그것들을 계속 실험해나가면서 많은 지식들을 소유하게 되었다. 대학에서 그의 전공은 철학, 라틴어, 그리스어, 수학이었다. 그는 미적분학을 발전시켰다. 그는 22살에 법학박사 학위를 취득했다. 놀라운 업적이었다. 라이프치히 대학에서 라이프니츠는 "혼란스러운 경우에 대한 연구"라는 논문을 제출하였는데 "대단히 훌륭하다"는 평가를 받았고 박사학위를 취득하였으며 법학교수직을 제안받았다.

끊임없이 읽고 사색하고 썼다

라이프니츠는 논리학과 순수 수학의 대가였으며 세계적인 학자로 나아갔다. 그는 무한급수와 미적분 개념을 발전시켰고 스스로 자신의 연구 성과를 "고등수학의 혁신"이라고 칭하였다. 그는 1684년에 미적분을 발표하였고, 뉴턴은 1693년에 발표하였다.

라이프니츠는 논리학의 해부-사고의 법칙-가 일종의 조합이론 문제라는 사실을 간파한 최초의 사람이었다. 라이프니츠는 수학적 사고에서 해석적인 것과 조합론적인 것 두 가지 모두 최고 수준의 사고를 보여 주었다. 라이프니츠는 끊임없이 공부했다. 17세에 그는 철학의 한 기본원리가 되는 논문으로 학사학위를 받았다. 그는 끊임없이 읽고 사색하고 썼다. 라이프니츠는 일류 외교관이 되었다. 그는 계산기를 만들었는데 곱셈, 나눗셈, 거듭제곱근도 계산할 수 있었다. 1673년에는 영국 왕립협회의 외국인 회원으로 선출되었다.

1676년에는 미적분학의 기본공식을 몇 개 만들어 '미적분학의 기본정리'를 1677년에 출판하였다. 라이프니츠는 교황으로부터 바티칸의 도서관 사서를 맡아달라는 권고를 받았는데 종교가 달라 사양했다. 1700년에는 베를린 과학학사원을 설립하고 초대원장이 되었다.

얼마나 무지하고 부족한가를 절감하는 인간

학습은 정신력과 실력을 향상시키는 절대적인 가치를 지닌 수단이다. 학습을 하지 않으면 자극을 받지 않아 안일과 타성으로 이어진다. 자극을 끊임없이 받아 자각을 하여 자신이 얼마나 무지하고 부족한가를 절감하는 인간은 반성하는 인간이 된다. 소크라테스는

"반성하지 않는 삶은 가치가 없다"라고 단언하였다고 한다.

문제는 기존의 학습 방법은 시험과 점수를 위한 방법으로 해왔기에 스트레스와 각종 학습 장애물에 시달려왔다는 사실이다. 라이프니츠가 학습한 방법은 시스템학습법과 원리가 같다. 라이프니츠는 70년의 생애를 살면서 끊임없이 학습하고 학습하면서 자신의 가치를 높여왔다. 그에게 학습은 고통이나 짐이 아니라 기쁨 자체였다.

시스템학습법에 익숙하면 독자는 인생의 새로운 전망을 갖게 된다. 평생 자신의 가치를 높이면서 삶에서 결정적 경쟁력을 갖게 된다는 것이다. 이는 인생을 여유롭고 편안하게 사는 길을 열어준다. 필자는 시스템학습법 덕분에 매월 15권 이상의 책을 10회 이상 학습하는 것이 습관이 되었다. 필자도 라이프니츠와 같이 학습 그 자체가 삶의 활력이며 기쁨이 되었다. 위대한 기업이나 위대한 개인은 모두 학습의 습관이 뒷받침되어 정신력과 실력을 향상시켜 왔다는 사실이다.

탁월한 가치와 SR경쟁력프로그램

탁월한 학습자로 변해 반성하는 힘을 취득함

필자는 능력향상 교육프로그램인 SR경쟁력프로그램을 전파하고 있다. 많은 기업의 임직원들을 위하여 노하우를 전파하고 있으므로 관심이 있는 기업은 그 혜택을 받을 수 있다. SR경쟁력프로그램은 탁월한 학습자로 변신하며 강력한 경쟁력을 취득하게 만든다. 임직원들이 스스로 학습하며 정신력과 실력을 혁신하게 되며 무사안일과 타성을 제거한다.

***무료교육 신청 : 전화 011-763-2830, 031-398-2830**

SR경쟁력프로그램은 국제청년회의소(JCI) 세계대회에서 105개국 중 개인능력개발부문의 최우수 교육프로그램으로 선정되어 2006년 11월15일에 수상, 발표되었다. 2006년 5월에는 일본에서 열린 국제청년회의소 30여 개 국 아시아태평양 국가대회에서 개인능력개발 최우수 교육프로그램으로 선정된 바 있다. 필자는 국제청년회의소(JCI)의 한국조직인 한국청년회의소에서 SR경쟁력프로그램 교육을 실시하여 왔는데, SR경쟁력프로그램의 가치와 우수성이 세계적으로 객관적인 평가를 받은 것이다.

SR경쟁력프로그램의 테마

이 프로그램은 "1. 강력한 정신개혁 2. 업무능력 혁신 3. SR시스템학습법 4. SR외국어학습법 5. 융화능력 향상" 등의 5가지 테마로 구성되어 있다.

SR경쟁력프로그램의 교육효과

월 1회 1시간씩 1년간 12회의 강의를 기본으로 한다. 강의만이 아니라 매월1가지씩의 실천사항을 훈련한다. 1년간 총 9가지의 실천사항을 훈련하는 과정이다. 실천사항이 제대로 실현될 수 있도록 필자가 직접 지도한다. 강의는 필자의 경험을 토대로 효과가 입증된 실제적인 방안들이 제시된다. 가장 핵심적 요소는 학습의 노하우이다. 강의는 누구나 이해할 수 있게 쉽게 하므로 모든 임직원이 수강 대상이다.

SR경쟁력프로그램을 수료하면 다음의 결과를 기대할 수 있다.

- 월 2권 내지 4권 이상의 학습능력구비. 스스로 학습하는 임직원이 됨.
- 정신 활력, 정신 긴장감, 자신감을 가진 임직원이 됨.

- 스스로 동기유발하는 임직원, 자율 규제하는 임직원이 됨.
- 철저히 봉사하는 정신자세, 상사 및 부하와 융화하는 능력이 형성됨.
- 뛰어난 업무능력과 외국어능력이 배양됨.

교육 내용(회사에 따라 융통성 있게 변경될 수 있음)

1. 잠재력과 가능성/잠재능력/파레토 법칙/핵심능력 높이기
2. 정신력, 자신감/적극적 정신 만들기/자세조정 방법/마음강화 방법/
3. 경쟁력지원 환경 만들기/성공기회 높이기/후나이 성공조건/
4. 습관과 경쟁력/좋은 습관 형성하기/관성과 변화비결/
5. 업무능력 혁신 노하우/즉시접근법/우선순위/개인생산성의 핵심/파킨슨 법칙/현장위주관리/효과적 커뮤니케이션/SR마케팅 심리학/SR마케팅 노하우
6. SR시스템학습법/두뇌 능력/SR시스템학습법 주요 기법, 보조기법/
7. 시스템학습법/SR학습법의 실천/잠재력 활용하기/정신집중방법/
8. 학습조직과 기업발전/학습조직/기업경쟁력과 학습/조직학습과 개인학습/
9. 지식경영/강점 활용하기/시간관리/조직내 커뮤니케이션/리더쉽의 발휘/
10. 아이디어 창조하기/브레인스토밍/ 학습과 아이디어

11. 직장내 융화비결/상사와 융화하기/부하 잘 다루기/유능한 상사되기/

12. 우수회사 사례/다수 기업체 성공사례, 실패사례

SR경쟁력프로그램의 실행 프로세스

SR경쟁력프로그램 실행프로세스는 4가지 프로세스로 이루어져 있다.

1) 12차에 걸친 교육실시
2) 9가지의 실천사항 점검
3) 실천사항을 이행하도록 돕는 상담
4) SR학습모임 실시

SR경쟁력프로그램의 탁월한 가치

SR교육은 실천력이 탁월하다. 9가지의 실천사항은 필자가 실천해온 것이므로 설득력이 있으며 어떤 교육보다 실천을 추구한다. 학습 능력을 향상시키므로 자발적 학습으로 정신 활력, 정신 긴장감, 자신감을 준다. SR경쟁력프로그램은 정신력과 실력의 변화가 이루어지는 것이다.

SR경쟁력프로그램, SR외국어학습법과 SR시스템학습법을 보급하는 것은 금새 없어질 물고기를 주는 것이 아니라 '물고기를 잡는 노하우'를 기부하는 것으로서 항구적인 가치를 기부하는 것이다.

지속하는 학습으로 결정적 경쟁력을 얻음

정직성과 진실성은 모든 가치의 바탕이다. 필자는 저서에서 개인 전화번호를 공개하고 있다. 이는 필자가 주장하는 것에 대한 확신과 독자에게 책임을 지겠다는 의지의 표명이다. 'SR경쟁력프로그램'은 결정적 경쟁력 즉 정신력과 실력을 실질적으로 향상시키는 매우 소중한 교육프로그램이다. 'SR경쟁력프로그램'은 필자의 체험에 근거한 것이고 제시하는 9가지 실천사항도 그 효과를 체득했던 것들이다. 이를 실천하면 임직원들의 능력은 달라지며 기업 경쟁력도 향상되게 된다. 'SR경쟁력프로그램'에는 'SR시스템학습법' 과정이 있으며 평생 순조로운 학습을 하게 만드는 프로그램이다.

지속하는 학습은 자신을 반성하게 만들고 자신의 부족함을 깨달아 스스로 변화하게 만든다. 학습은 정신 활력, 정신 긴장감, 자신감이 있는 임직원들을 만든다는 사실이다. 또한 지식과 노하우와 아이디어가 솟아나는 회사로 변신하게 된다. 필자의 스케줄 때문에 매월 1개회사만을 수혜 회사로 선정하여 보급하고 있는데 무료로 보급하는 것을 원칙으로 한다. 가치 있는 임직원, 경쟁력 있는 회사로 변화시키고자 하는 경영자는 필자에게 전화하시기 바란다.

http://srstudy.net,

www.SRstudy.co.kr의 SRstudy소개 참조.

결정적 경쟁력과 치명적 결함

초판 인쇄 / 2013년 7월 15일
초판 발행 / 2013년 7월 25일

지은이 / 임성룡
펴낸이 / 오판근
펴낸곳 / 교우사
출판등록 / 1994년 3월 24일 제6-0256호
주소 / 서울특별시 동대문구 약령시로 8 교우빌딩 2층
전화 / 02)925-2861(대표), 02)925-2825(편집부)
팩스 / 02)925-2860
kyowoo@kyowoo.co.kr
http://www.kyowoo.co.kr

ISBN 978-89-8172-995-0 (03320)

가격 **13,000**원